河南省高等教育教学改革研究与实践项目（研究生教育类）（2023SJGLX315Y）
河南省科技攻关项目（242102220108）

地方财经高校经管类专业学位研究生教育综合改革探索与实践

任剑锋◎著

中国经济出版社
CHINA ECONOMIC PUBLISHING HOUSE
·北京·

图书在版编目（CIP）数据

地方财经高校经管类专业学位研究生教育综合改革探索与实践 / 任剑锋著. -- 北京 : 中国经济出版社, 2024. 11. -- ISBN 978-7-5136-7939-8

Ⅰ. F2

中国国家版本馆 CIP 数据核字第 20247W774Y 号

责任编辑　张梦初　高　鑫
责任印制　马小宾
封面设计　任燕飞设计工作室

出版发行　中国经济出版社
印 刷 者　北京科信印刷有限公司
经 销 者　各地新华书店
开　　本　710mm×1000mm　1/16
印　　张　15.25
字　　数　218 千字
版　　次　2024 年 11 月第 1 版
印　　次　2024 年 11 月第 1 次
定　　价　88.00 元
广告经营许可证　京西工商广字第 8179 号

中国经济出版社 **网址** http://epc.sinopec.com/epc/ **社址** 北京市东城区安定门外大街 58 号 **邮编** 100011
本版图书如存在印装质量问题，请与本社销售中心联系调换（联系电话：010-57512564）

PREFACE 前 言

随着经济的快速发展和全球化的深入推进，专业学位研究生教育作为培养高层次、应用型人才的重要途径，其重要性日益凸显。特别是对于地方财经类高校而言，专业学位研究生教育更是连接学术研究与实际应用、理论探讨与职业技能的桥梁。然而，在实际教育过程中，地方财经类高校也面临着一系列挑战，如合作与共赢的推进缓慢、规模与质量的异步问题、学科与建设的整体局面落后，以及信息化与效率的建设滞后等。为了应对这些挑战，亟须对专业学位研究生教育进行综合改革。

同时，在当今全球化、信息化的时代背景下，知识的更新速度日益加快，社会对专业人才的需求也在不断变化。这就要求地方财经类高校必须紧跟时代步伐，不断调整和优化教育模式，以适应新的形势和需求。而专业学位研究生教育的综合改革，正是回应这一时代挑战的重要举措。为培养出更多具备创新精神和实践能力的高层次人才，高校需要从课程设置、教学方式、师资队伍等多个方面入手，进行全面而深入的改革。这不仅涉及教育理念的更新，还包括教育实践的探索和创新。

本书以地方财经类高校的专业学位研究生教育为研究对象，旨在通过深入分析和实践探索，推动其综合改革进程。结合具体案例，详细阐述综合改革策略在实际教育中的应用及成效，以期为相关高校提供有益参考；同时，我们也将对改革过程中可能出现的困难和挑战进行分析，并提出相应的应对策略。

本书不仅关注教育内部的改革与创新，更着眼于教育与外部环境的互动与融合，探讨地方财经类高校如何与企业、行业协会等外部机构进行合作与共赢，共同推动专业学位研究生教育的持续发展与进步。通过这些努力，期待能培养出更多具备创新精神和实践能力的高素质人才，为我国的经济社会发展注入新的活力和动力。

河南财经政法大学在综合改革推进过程中，得到了校领导的指导和帮助，为综合改革的推进指明了方向；同时也得到了研究生工作部（研究生处）、发展规划处、人事处等部门领导的大力支持，他们为综合改革的推进提出了很多具有建设性的意见，为综合改革的推进提供了支撑；同时，本书也借鉴了以上各部门的文件、制度和其他相关成果，这也为本书增色颇多，在此向他们一并致谢。

CONTENTS 目 录

第一章

绪　论

第一节　综合改革背景

我国的专业学位教育始于1990年，起步较晚，发展速度较慢，2009年开始扩大招收以应届本科生为主的全日制专业学位研究生，并逐年扩大招生规模，丰富专业门类，我国的专业学位教育发展进入了快车道，以满足经济社会发展对人才的需求。目前我国设立的专业学位类别基本覆盖了各个领域，但人才培养的质量与社会各行业的要求之间仍有较大落差，需要我们持续推动人才培养模式改革与创新，促进专业学位教育水平不断提高。

美国是世界上最早开展专业学位教育的国家，其专业学位教育始于1908年授予首个工商管理硕士（MBA），先后经历了形成期（1901—1945年）、发展期（1946—1970年）和成熟期（1971年至今）三个阶段，形成了质量与规模完善的专业学位教育体系，学科门类齐全，且专业学位教育呈现多元化的发展特征，有力推动了美国经济发展。英国在1919年出现了研究生院制度，20世纪60年代，英国政府发布了《罗宾斯报告》和《斯万报告》，建议研究生教育的重心转向专业学位，20世纪90年代英国大量高校开设MBA，专业学位教育步入快速发展的轨道。1998年，英国专业学位教育已涉及教育学、医学、工程等12个学科领域，形成了完备的质量保证和培养体系。法国在管理、政治、商业等领域的专业学位教育最为成熟，18世纪初，法国开始建立专门从事职业教育的高等专业学校。1984年，法国颁布了《高等教育法》，加快了专业学位教育发展进程，参与专业学位教育的高校数量不断增长。2006年，法国的专业学位授予量已占授予硕士学位总数的69%，授予人数远远超过学术学位研究生。同时法国的专业学位教育非常重视与企业联合培养，在培养专业学位研究生的实践创新能力等方面具有值得我们借鉴的经验做法。日本的专业教育始于1998年，日本大学审议会发布了《21世纪的大学和今后的改革方针》，提出培养专业学位研究生的目标，于2003年正式开始实施专业学位研究生教育。截至2018年，日本共有122所国立、公立和私立大学设置了专业学位研究生院，遍布11个学科，设置有173个专业方向。目前，日本专业学位教育主要集中在人文社科领域，如法律、会计、商务管理和教育类。

党的十八大以来，国家先后召开三次研究生教育重要会议，出台一系列重要政策，不断深化研究生教育综合改革，推动研究生教育制度创新完善，加快提高研究生教育质量，为新时代研究生教育发展谋篇布局、制定战略规划，促使研究生教育在改革中发展、在创新中突破。

第一次重要会议是于2013年7月召开的全国研究生教育工作会议暨国务院学位委员会第三十次会议，第二次重要会议是于2014年11月召开的全国研究生教育质量工作会议暨国务院学位委员会第三十一次会议，第三次重要会议是于2020年7月召开的全国研究生教育会议。三次会议，都伴随着一系列重大的改革举措、制度体系、政策措施的出台，聚焦深化改革、完善制度、激发动力、释放活力，聚焦加强和完善研究生教育质量保证体系、健全和完善学位与研究生教育治理体系，聚焦强化立德树人根本任务，增强研究生教育竞争力和创新力，推动研究生教育改革不断走向深入，不断构建和完善中国特色研究生教育制度，大力提升高端人才的培养能力和水平。

2016年，专业学位水平评估试点工作启动，分别对法律等8个专业学位类别进行评估，围绕人才培养质量这个核心，引入了“案例教学”“实习实践”等创新指标。突出专业学位教育的实用性和综合性就要始终坚持以培养质量为核心，防止简单地将专业学位教育学术学位化，推动专业学位教育的内涵式发展；结合培养单位的学科特点，构建可行的质量保障体系。

2020年国家密集发布了多项事关研究生教育的文件，其中与专业学位研究生教育密切相关的文件有《教育部 国家发展改革委 财政部关于加快新时代研究生教育改革发展的意见》《研究生导师指导行为准则》《国务院学位委员会 教育部关于进一步严格规范学位与研究生教育质量管理的若干意见》《专业学位研究生教育发展方案（2020—2025）》等。梳理以上政策文件，释放的最强烈信息就是通过改革手段为研究生教育事业注入压力、动力和活力，最终达到培养德才兼备的高级人才的目的。

近年来，国内外形势发生了巨大变化，随着中美贸易摩擦的反复与加剧，美国对我国多个领域实施“卡脖子”政策，在此背景下，我国对高科技领域应用人才的培养尤为重视，对专业学位研究生教育提出了明确的发展要求和质量要求。众所周知，专业学位研究生教育是培养高层次应用型专门人才的主渠道，我国目前已构建了具有中国特色的高层次应用型专门人才培养体系，为经济社会发展作出了重要贡献。例如，完善了我国学位制度，实现了从单一学术学位到学术学位与专业学位并重的历史性转变；探索建立了以实践能力培养为重点、以产教融合为途径的中国特色专业学位培养模式；培养输送了一大批人才；有力支撑了行业产业发展，基本覆盖了我国主要行业产业，部分专业学位类别实现了与职业资格的紧密衔接；探索形成了国家主导、行业指导、社会参与、高校主体的专业学位研究生教育发展格局，积累了中国特色专业学位发展经验。

但同时我们也应该清醒地看到，我国专业学位研究培养与国家对人才需求标准还有很大差距，专业学位研究生教育还存在不少问题。面对新时代对人才的新要求，专业学位研究生教育存在的主要问题有：一是对专业学位研究生教育的认识需要进一步深化，重学术学位、轻专业学位的观念仍需扭转，简单套用学术学位发展理念、思路、措施的现象仍不同程度存在。二是专业学位研究生教育的结构与质量问题并存，类别设置仍不够丰富，机制不够灵活，个别类别发展缓慢，培养规模仍需扩大，培养模式仍需创新，培养质量亟待提高。三是发展机制需要健全，在学科专业体系中的地位需要进一步凸显，人才需求与就业状况的动态反馈机制不够完善，与职业资格的衔接需要深化，多元投入机制需要完善，产教融合育人机制需要健全，学校内部管理机制仍需创新。

第二节　研究问题及内容

为全面贯彻全国教育大会和全国研究生教育会议精神，落实《专业学位研究生教育发展方案（2020—2025）》文件精神，结合《河南财经政法大学2020—2022年硕士研究生培养质量提升计划》等文件要求，基于学校专业学位研究生培养实际情况开展专业学位研究生教育综合改革研究与实践项目。

我国从1990年开始实施的专业学位研究生教育，不断被社会所认识和接受，并逐渐显现出强烈的社会需求和强劲的发展势头，在研究生教育中占有越来越重要的地位，为社会培养了大批高层次应用型人才，极大满足了经济社会发展的需要，成为我国培养高层次复合型实用人才的重要途径。到2025年，全国硕士专业学位的招生规模将扩大到硕士研究生招生总规模的2/3左右。

河南财经政法大学从2004年招收专业学位研究生以来，已累计为社会输送了近3500名专业学位研究生，2018—2020年硕士专业学位在总规模中的占比分别为70.1%、71.3%和77.6%，呈逐年上升趋势，在学校研究生教育中具有举足轻重的地位。经过多年发展，河南财经政法大学探索了以实践能力培养为重点、以产教融合为途径的专业学位研究生培养模式，为河南省乃至全国经济社会发展输送了大批人才，有效承担了高层次复合型应用人才的培养任务。但同时也认识到，面对新时代新要求，学校专业学位研究生教育还面临专业学位学术化、培养质量有待提高、响应社会人才需求的能力不足等问题。因此，通过专业学位研究生培养模式改革可以进一步明确培养目标、规范培养过程、完善支撑条件、提高校内外协作的活跃度、完善质量保障体系、构建完善的信息化管理平台。

一、研究内容

研究生教育综合改革从模式上一般分为基于教育要素的综合改革、基于教育过程的综合改革和基于教育主体的综合改革，三种改革模式在价值取向、内在逻辑、关键内容、方法手段和数量规模上各不相同。基于教育要素的综合改革在价值取向上以实用主义为导向，促进研究生教育走内涵式发展道路，在全面分析本单位的研究生教育所面临的突出问题的基础上，通过设计科学的改革举措，以问题为导向并全面推进带动研究生教育综合改革，实现高质量人才培养的目标。基于教育过程的综合改革在价值取向上以提高效率和效益为目标的新制度主义为导向，围绕研究生招生、课程教学、科研训练、专业实践、学位论文等全过程实施一系列的改革举措，形成基本标准、基本流程，重视制度建设。基于教育主体的综合改革在价值取向上以关注利益相关主体为核心的人文主义为导向，以研究生培养质量为根本，以提高研究生的职业素养和创新能力为核心，高效调度研究生管理主体、研究生导师和研究生等，促进研究生培养、科研训练、专业实践，强化研究生教育管理主体的权责，加强研究生导师队伍建设，提高研究生学习、实践和科研训练的积极性。

河南财经政法大学 2019 年硕士研究生总招生规模 641 人，其中专业学位研究生 457 人，占总规模的 71. 3%。2020 年硕士研究生总招生规模 1010 人，其中专业学位研究生 784 人，占总规模的 77. 6%。2021 年总招生规模 1084 人，其中专业学位研究生 838 人，占总规模的 77. 3%。整体来看，专业学位研究生的招生规模增速远超学术学位研究生的增速，专业学位研究生的教育质量对学校研究生教育事业的健康发展发挥着举足轻重的作用。2021 年 5 月，我们在 2018 届、2019 届和 2020 届毕业生中，按照当年毕业研究生人数一定的比例，分别确定了 80 人、100 人和 120 人，并在当年毕业生名单中随机产生对应的人数对用人单位进行问卷调查。问卷设计综合打分为较差（70 分以下），一般（71~80 分）、良好（81~90 分）和优秀（91~100 分）四档，2018—2020 年三届获得优秀评价的占比分别为 93%、

89%和87%；获得良好评价的占比基本持平；获得一般评价的占比呈上升趋势；三届均无学生获得较差评价。通过分析调查数据，我们从中可以发现学校专业学位研究生教育质量有下降的趋势，这需要引起我们的注意和警惕。同时，分析2018年、2019年和2020年的省优秀论文评比的数据可知，学校研究生的毕业论文获得省优秀论文的比率分别为100%（报送6篇，获优秀6篇）、33%（报送6篇，获优秀2篇）、60%（报送10篇，获优秀6篇）。与省内兄弟高校相比，获得优秀的比率明显偏低。研究生处作为学校研究生教育事业发展的顶层设计者，必须深入思考造成这些不足的原因。本书通过深入分析，总结了以下主要原因。

（一）专业学位研究生培养机制有待改革

主要表现在研究生招生计划分配方案需要及时跟进经济社会发展需求，切实形成以生源质量、生源规模和研究生培养质量为导向的动态计划分配机制；校内的质量约束机制不健全，表现在学科发展质量评价和动态调整，导师队伍建设的动态调整，研究生的分流机制不健全，研究生的文献阅读、科研训练、专业实践缺乏科学有效的考评机制。

（二）专业学位研究生培养模式有待创新

表现在与国内外高水平大学、科研院所的交流合作活跃度较低；专业实践基地建设和高水平案例库建设积极性不高，校外优秀企业的宝贵资源难以有效推动专业学位研究生教育培养；提升研究生职业素养的模式不明确、不规范等方面。

（三）专业学位研究生的质量保障体系有待完善

主要表现在教师授课环节缺少完备的监控体系，在课程建设、质量监控、课程考核、成绩获取等方面有待进一步优化、细化和完善相应的监控体系。对导师的学术水平和对研究生指导情况缺少有效的监控体系，对研究生学业水平、科学素养、职业素养、创新能力缺少科学的评价监控标准。此外，研究生思想政治教育的监控体系有待进一步完善。

（四）研究生教育管理信息化平台有待加强

研究生在校生规模逐年扩大，但研究生管理的信息建设水平很低，在研究生的招生管理、学籍管理、培养管理、学位管理、研工管理、导师管理、学位点管理、基础数据管理等各项工作中，较多环节甚至处于手工处理阶段，工作效率低下，出错率高，已成为影响学校研究生事业健康发展的阻力。当前，亟须加强研究生教育管理信息化平台建设，解放宝贵的人力，将更多精力投入如何提高研究生培养质量上。

基于以上问题的分析，强化问题意识、坚持问题导向并开展相应的研究工作，以基于要素的研究生教育综合改革模式为出发点，遵循研究生教育综合改革的有效路径，将专业学位研究生培养成为有基本知识、有扎实理论、有学习能力、有创新意识、有职业素养的高级复合型应用人才。

本书将以全面提升学校专业学位研究生培养质量和响应人才需求为根本目标，以深化专业学位研究生培养机制改革、创新专业学位研究生培养模式、构建专业学位研究生培养质量保障体系和加强研究生教育管理信息化平台建设为四个抓手。以大力推进推免生招生改革，招生复试分类考核，切实提高研究生生源质量；加强课程建设，加大课程思政建设力度，努力提高课程对研究生培养的贡献力；坚持分类培养，多段考核，及时分流，形成多元多目标的人才培养格局；建立健全权责机制，完善动态调整机制，切实提升导师育人能力；推进学风建设，加强学术道德教育，营造浓厚的学术氛围；加强质量监督体系建设，建立动态调整的考核评估机制，推进建立校内评估和校外监督评价机制；深化开放合作，努力提升校内外合作活跃度，提高专业学位研究生教育水平；建立以培养质量为导向的资源配置机制，整合盘活校内外资源，全力促进研究生成长成才，推进学校研究生教育进一步发展的八大举措。构建一个目标、四个抓手、八项举措的专业学位研究生综合改革“148”方案。

二、研究重点

（一）经济社会快速发展给人才培养带来的新挑战

国家和社会的发展进步离不开人才，当前经济社会发展迅速，各方面竞争空前激烈，人才已成为科技进步与经济社会发展的最重要的资源。高校是实现高层次人才培养的最重要的渠道，研究生教育综合改革的成效在一定程度上决定了人才培养的质量。随着经济的发展，各国的经济、文化和教育等领域的联系日渐密切，全球化的趋势在不断加剧，在以国内大循环为主体、国内国际双循环相互促进的新发展格局下，做到审时度势，及时掌握社会人才需求，推动高校研究生教育综合改革，通过教育综合改革破解人才培养目标和市场不匹配、人才培养模式落后、职业行业素养不高等突出问题，发掘规律、找到路径，用研究指导实践，真正为国家和社会区域经济发展培养合格的创新型高级应用人才。

当前，随着科技发展的日新月异和全球化的深入推进，人才的重要性日益凸显，人才不仅是推动社会进步的核心力量，也是决定国家竞争力的关键因素。高校作为人才培养的摇篮，肩负着为国家和社会输送高素质、创新型人才的重任。而研究生教育，作为高等教育的最高层次，更是对人才培养质量提出了更为严格和全面的要求。然而，面对经济社会的快速发展，高校研究生教育也面临着前所未有的挑战。一方面，市场对人才的需求日趋多元化和专业化，要求高校能够培养出既具有扎实理论基础，又具有丰富实践经验的高层次应用型人才。另一方面，随着科技的不断进步和产业的持续升级，许多传统行业和领域都在经历着深刻的变革，这就要求高校能够及时掌握行业动态，调整人才培养目标和模式，以适应市场的变化。

在这样的背景下，高校的研究生教育综合改革显得尤为重要和迫切。通过综合改革，我们旨在解决当前研究生教育中存在的人才培养目标和市场不匹配、人才培养模式落后、职业行业素养不高等突出问题。这些问题不仅制约了高校人才培养质量的提升，也影响了研究生的就业和职业发展。

为了推动研究生教育的综合改革，首先要明确人才培养目标，确保研究生的培养与市场需求相衔接。这就要求高校深入了解行业和市场的发展趋势，及时掌握社会对人才的需求变化，从而制订出符合市场需求的培养方案。其次要创新人才培养模式，打破传统的以理论传授为主的模式，注重实践能力和创新精神的培养。通过校企合作、“产学研”结合等方式，为研究生提供更多的实践机会和平台，让他们在实践中增长才干、提升能力。最后要加强研究生的职业素养教育，提高他们的职业道德和职业素养水平，这不仅要求高校开设相关的职业素养课程，还需要在日常教学和管理中注重职业素养的渗透和培养。

推动研究生教育的综合改革需要高校、政府、企业和社会各界的共同努力。高校要发挥自身的优势和特色，积极探索符合自身发展的改革路径；政府要加大对高校研究生教育的投入和支持力度，为改革提供必要的政策和资金保障；企业要积极参与高校的人才培养，为研究生提供更多的实践机会和就业渠道；社会各界也要关注和支持高校研究生教育的综合改革，为改革营造良好的社会氛围。

在研究生教育综合改革中，需要注重以市场为导向、以学生为中心、以质量为根本的原则。通过深化教学改革、加强师资队伍建设、完善管理体系等一系列举措，努力提升研究生的培养质量和综合素质。同时，还需注重与国际接轨，引进国际先进的教育理念和教育资源，为研究生提供更广阔的发展空间和机会。通过推动高校研究生教育的综合改革来提升人才培养质量。培养出更多具有创新精神、实践能力和社会责任感的高层次人才，为国家和地方经济社会发展提供强有力的人才保障和智力支持。

（二）不健全的研究生培养体系带来的新阻力

深入理解研究生教育综合改革的“综合”和“改革”的内在含义，所谓“综合”绝非面面俱到地将研究生教育的所有相关因素全部涉及，而是要深入各培养单位、用人单位、管理人员和研究生个体等各个角色和群体进行深入调查研究，找准症结，抓住主要矛盾，以问题为导向深入推进，还要通过改革产生足够的动力、活力、支撑条件和保障来带动各层次和类型的研究生教育健康发展。因此，推进改革首先要通过调研、问卷、座谈、会议等形式，摸清存在的主要问题和关键因素。厘清综合改革四个抓手之间的内在逻辑关系，做到四个抓手所涉及的各个关键因素的有效衔接，相互支撑而非相互矛盾。立足现有的专业学位研究生培养机制和培养模式并进行持续优化，并在此基础上构建完备的质量保障体系，同时促进学校研究生教育信息化建设，最终实现人才培养质量的全面提升。

研究生教育作为培养高层次人才的重要途径，其地位和作用日益凸显。然而，在现实中，我们不得不面对这样一个事实：当前的研究生培养体系并不完善，存在诸多问题和挑战，这些问题已经成为制约研究生教育健康发展的新阻力。一方面，培养目标不明确，导致研究生在培养过程中缺乏明确的方向；另一方面，培养模式落后，仍然沿用传统的以理论传授为主的模式，忽视实践能力和创新精神的培养。这些问题的存在，使得研究生在毕业后难以适应市场的变化，无法满足社会的期望。

此外，当前的研究生培养还存在质量保障体系不完善的问题。由于缺乏有效的质量监控和评估机制，一些高校在研究生培养过程中存在“重数量、轻质量”的倾向，导致研究生的培养质量参差不齐。这不仅影响了研究生的就业和职业发展，也损害了高校的声誉和社会形象。

同时，随着信息技术的快速发展，研究生教育信息化建设已经成为提升研究生培养质量的重要途径。然而，在现实中，我们发现许多高校在研究生教育信息化建设方面投入不足，信息化水平低下，无法满足研究生的学习需求。这不仅制约了研究生的学习效果和效率，也影响了高校的教学质量和管理水平。

针对上述问题，我们必须深入推进研究生教育综合改革，通过改革破解难题、推动发展。首先，要明确培养目标，确保研究生的培养与市场需求相衔接；其次，要创新培养模式，注重实践能力和创新精神的培养；再次，要完善质量保障体系，建立有效的质量监控和评估机制；最后，要加强研究生教育信息化建设，提升信息化水平，满足研究生的学习需求。

在推进改革的过程中，我们还需要注意处理好四个抓手之间的内在逻辑关系。这四个抓手相互支撑、相互促进，共同构成了一个完整的研究生教育综合改革体系。只有确保这四个抓手所涉及的各个关键因素有效衔接、相互支撑，我们才能真正推动研究生教育的健康发展。

通过深入推进研究生教育综合改革来破解难题、推动发展，为国家和地方经济社会发展提供强有力的人才保障和智力支持。为了真正实现这一目标，需要在河南财经政法大学全校范围内形成共识，凝聚力量，共同推进改革。鼓励广大师生积极参与到改革中来，为改革献计献策、贡献力量。同时，还要加强与国内外其他高校的交流与合作，借鉴他们的成功经验和做法，不断提升我们的改革水平和效果。这样才能确保学校的研究生教育高质量发展，为国家和地方经济社会发展作出更大的贡献。

（三）教育资源投入不足带来的推进压力

深入推进培养模式改革的关键因素是如何储备更多校内外的资源并能够高效用于研究生教育。在校内要基于学校当前的实际情况，尽可能多地争取资金和其他资源倾斜，发挥有限资源的最大效用，激励导师、研究生和管理人员创新性地开展工作。对外一要争取更多的政策和资金支撑；二要开展更多校地、校校、校企、校政之间的密切合作，为研究生创造更多的实习实践机会；三要充分发挥校外导师的作用，将他们的资源、学识和经验充分应用到学校的研究生教育事业中，让研究生有收获，让校外导师有成就。

研究生教育，作为国民教育体系的顶端，是培养高层次人才、推动科技创新和社会发展的重要力量。然而，在实际推进过程中，我们不得不面对教育资源投入不足的问题。这种现象不仅制约了研究生教育的快速发展，更对培养质量产生了深远的影响。

教育资源投入不足，首先体现在经费上。随着研究生规模的不断扩大，培养成本也在逐年增加。然而，许多高校的经费来源有限，无法满足研究生教育日益增长的需求。这导致一些高校在研究生培养过程中捉襟见肘，甚至影响到正常的教学和科研工作。经费的不足，使得一些必要的实验设备、图书资料等无法及时更新，制约了研究生实践能力和创新精神的培养。

教育资源投入不足，其次体现在师资力量上。研究生教育对师资的要求极高，需要有一支高水平的导师队伍来指导研究生的学习和研究。然而，现实中许多高校的师资力量并不雄厚，一些导师在承担繁重的教学任务的同时，还要忙于科研和行政工作，难以全身心投入研究生培养工作中。这导致一些研究生在培养过程中得不到充分的指导和关注，影响了他们的成长和发展。

此外，教育资源投入不足还体现在实践平台上。研究生教育注重实践能力和创新精神的培养，需要有高水平的实践平台来支撑。然而，由于投入不足，一些高校无法建立起完善的实践平台，导致研究生缺乏实践机会，难以将理论知识转化为实际能力。这不仅影响了研究生的培养质量，也制约了他们的就业和职业发展。

针对上述问题，高校必须采取切实有效的措施来加大教育资源投入力度，推动研究生教育的健康发展。首先，要拓宽经费来源渠道，通过政府拨款、社会捐赠、校企合作等多种方式筹集资金，确保研究生教育有充足的经费保障。其次，要加强师资队伍建设，引进和培养一批高水平的导师，提高他们的待遇和地位，激励他们全身心投入研究生培养工作中。同时，还要加强导师的培训和考核工作，提高他们的指导能力和水平。最后，要加强实践平台建设，与企业和行业合作共建高水平的实践基地和实验室，为研究生提供充足的实践机会和优质的实践资源。

在加大教育资源投入力度的同时，我们还要注重提高资源的使用效率。要通过优化管理、完善制度、加强监督等措施确保经费、师资和实践平台等资源的合理配置和高效利用。此外，还要积极争取外部资源。一是争取更多的政策和资金支撑。要深入研究国家和地方的政策导向和资金投向，结合学校的实际情况和发展需求，有针对性地做好项目策划和资金申请工作。同时，要加强与政府部门的沟通和协调，争取更多的政策和资金支持。二是开展更多校地、校校、校企、校政之间的密切合作。要充分利用学校的学科优势和人才优势，主动对接地方和行业的发展需求，开展多种形式的合作与交流。通过合作共建实践基地、联合开展科研项目、互派访问学者等方式，实现资源共享和优势互补。三是充分发挥校外导师的作用。要建立健全校外导师的选聘和管理机制，吸引更多具有丰富实践经验和优秀学术成果的校外专家参与到研究生教育中来。同时，要加强与校外导师的沟通与联系，充分发挥他们在研究生培养过程中的指导作用。

除上述措施外，还应从以下几个方面着手解决教育资源投入不足带来的问题：一是建立健全研究生教育成本核算和分担机制。通过对研究生教育成本进行科学核算和合理分担，明确政府、社会、高校和个人在研究生教育中的责任和义务，确保研究生教育有稳定的经费来源。二是完善研究生奖助体系。通过设立奖学金、助学金、助学贷款等多种形式的奖助措施，激励研究生努力学习、积极参与科研和实践活动，提高他们的综合素质和能力水平。三是加强研究生教育信息化建设。利用现代信息技术手段改进教学方式和方法，提高教学效率和质量；同时建设完善的研究生管理信息系统，实现研究生培养过程的信息化、规范化和高效化管理。

总之，在面对教育资源投入不足带来的推进压力时，必须采取切实有效的措施加大投入力度、提高资源使用效率并争取外部资源支持。只有这样才能确保研究生教育健康持续发展，为国家和社会培养更多优秀的高层次人才。同时，我们也应认识到解决这一问题需要政府、社会、高校和个人共同努力形成合力，推动研究生教育事业不断向前发展。

在未来的发展中，还应持续关注研究生教育的发展趋势和需求变化，及时调整和完善相关政策和措施。通过不断创新和改革，构建更加完善、高效和开放的研究生教育体系，为国家和地方经济社会发展提供强有力的人才保障和智力支持。

（四）推进改革过程中利益相关者的理解和支持

在综合改革的四个抓手中，无论是资源的动态分配、导师的动态管理，还是确保质量的各类监督、信息化建设平台的推进，无不涉及校内外尤其是校内人事、科研、教务等多方面的因素，在制定规章制度时要充分沟通，征得各方理解，求取各方最大公约数，但在提高研究生教育质量这个原则问题上不能有丝毫退让，所有不利于研究生培养质量提升的因素务必剔除，确保研究生教育事业健康发展。

研究生教育综合改革作为高等教育领域的一项重要改革举措，旨在提高研究生培养质量，满足社会经济发展对高层次人才的需求。然而，在改革的推进过程中，不可避免地会触及各方利益，因此，如何争取利益相关者的理解和支持，成为改革能否顺利推进的关键因素。

在研究生教育综合改革中，利益相关者主要包括高校、导师、研究生、用人单位以及政府等。高校作为改革的主体，需要承担起制订改革方案、推动改革实施的重任；导师作为研究生的直接指导者，其教育观念和培养模式对研究生培养质量有着直接的影响；研究生作为改革的受益者，其参与度和满意度是衡量改革成效的重要指标；用人单位作为人才的需求方，其对研究生培养质量的期待和评价是改革方向的重要参考；政府作为高等教育的管理者和资助者，其对改革的政策导向和资金支持是改革推进的重要保障。

高校在制订改革方案时，应充分征求各方利益相关者的意见和建议，确保改革方案的科学性和可行性。通过召开座谈会、研讨会等方式，广泛听取导师、研究生、用人单位以及政府部门的意见和建议，对改革方案进行反复论证和完善。同时，高校还应加强与社会各界的沟通与交流，积极争取外部资源的支持，为改革的顺利实施创造有利条件。

导师作为研究生培养的第一责任人，应积极参与和支持改革工作。高校应加强对导师的培训和教育，提高其教育观念和能力，使其能够适应改革的需求。同时，高校还应建立健全导师的动态管理机制，对导师进行定期考核和评价，激励导师积极投入研究生培养工作中。

研究生作为改革的受益者，应积极参与到改革中来。高校应通过多种形式加强与研究生的沟通与交流，了解他们的需求和期望，为他们提供更多的实践机会和更好的学习条件。同时，高校还应鼓励研究生积极参与科研项目和社会实践活动，提高他们的综合素质和能力水平。

用人单位作为人才的需求方，应积极参与到研究生教育综合改革中来。高校应加强与用人单位的合作与交流，了解社会对人才的需求变化，及时调整和完善培养方案。同时，高校还应积极邀请用人单位参与到研究生的培养过程中来，共同制定培养标准和质量评价体系，提高研究生的就业竞争力。

政府作为高等教育的管理者和资助者，应加强对研究生教育综合改革的政策支持和资金保障。政府应制定和完善相关法律法规和政策措施，为改革提供有力的制度保障；同时，还应加大对高校的资金投入力度，为改革的顺利实施提供充足的经费保障。

在争取利益相关者理解和支持的过程中，高校应注重加强与各方面之间的沟通与协作，形成工作合力。通过建立信息共享机制、定期召开协调会议等方式加强沟通与协作；同时，还应注重发挥各方面的优势和特长，形成协同效应和共赢局面。例如，在与导师沟通时可以采取座谈会、个别访谈等方式了解其想法和需求；在与研究生交流时可以通过问卷调查、座谈会等方式收集其意见和建议；在与用人单位合作时可以通过共同开展科研项目、建立实习基地等方式加强联系和合作；在与政府沟通时可以通过提交政策建议报告、参与政策制定过程等方式表达诉求和争取支持。

研究生教育综合改革的推进需要各方面的共同努力和支持。只有通过加强沟通与协作、争取理解和支持、形成工作合力等措施才能确保改革的顺利推进并取得预期成效。同时，我们还应认识到改革是一个长期的过程，需要持续不断地努力和改进，这样才能不断提高研究生培养质量，满足社会经济发展对高层次人才的需求，为我国的发展作出更大的贡献。

第三节　研究目的、路径与意义

一、指导思想

2020 年 7 月 29 日，新中国成立以来的首次全国研究生教育会议召开，习近平总书记对研究生教育工作作出重要指示，深刻揭示了我国研究生教育发展的大方向、大趋势、大格局，为新时代加快研究生教育强国建设指明了方向、提供了根本遵循。国务院学位委员会、教育部等部委相继出台了《关于加快新时代研究生教育改革发展的意见》等系列文件，明确了新时代加快研究生教育改革发展的总体要求和改革思路。深化研究生教育改革，切实提升研究生教育支撑引领经济社会发展的能力。

为深入贯彻习近平总书记关于研究生教育工作的重要指示精神，落实全国研究生教育会议精神，全面提高学校研究生教育质量和水平，充分发挥研究生教育对学校“特色骨干大学”建设的引领与支撑作用，实现学校中长期发展战略目标，在系统总结学校研究生教育取得的成绩和深入分析存在问题的基础上，探索以服务区域经济发展为导向，以提升创新和实践能力为内涵的研究生教育发展新思路和新模式，提高研究生教育质量，建设一流的研究生教育体系，打造学校高层次人才培养的品牌与特色，学校全面实施经管类专业学位研究生教育综合改革，其总的指导思想包括以下内容。

以习近平新时代中国特色社会主义思想为指导，全面贯彻党的教育方针，坚持面向世界科技前沿、面向经济主战场、面向国家重大需求、面向人民生命健康，不断向科学技术广度和深度进军，坚定走内涵式发展道路，以“立德树人、服务需求、提高质量、追求卓越”为主线，深化新时期研究生教育改革创新，坚持育人为本、需求导向，坚持创新引领、改革驱动，坚持特色发展、质量为先，全面实施经管类专业学位研究生教育综合改革，提升研究生教育服务、引领和支撑经济社会发展和科技创新的能力，更好地支撑学校特色骨干大学建设。

按照“立德树人方向正、服务需求站位高、提高质量内涵实、追求卓越目标远”的总体要求，坚持“红色基因立德树人，突出特色服务需求，机制改革提高质量，领军计划追求卓越”的工作思路，以研究生培养机制改革为抓手，以信息化建设为保障，以资源配置为突破口，按照“任务配置指标，指标配置经费”的原则，为科研任务配置招生指标，为招生指标配置科研经费，强化科研对研究生培养的支撑，提高培养质量。充分利用国家拨款、学校投入、学院投入、导师投入和社会捐赠，拓宽经费筹集渠道，形成研究生教育专项经费池，以专项经费驱动育人项目，构建以投入和质量为导向的资源配置体系，通过资助人才培养实施过程和奖励培养成果产出，带动科教协同、产教融合、国际化、导师队伍和教材建设等方面的改革，探索新时期研究生教育内涵发展的新模式和新路子，着力创新课程改革新思路、科研育人新途径、产教融合新模式、质量评价新机制、国际合作新形式、研究生教育管理新机制，全面提升研究生教育质量。

二、研究路径

随着时代的快速发展和科技进步的日新月异，研究生教育作为培养高层次人才的重要途径，其质量和效果直接关系到国家的创新能力和国际竞争力。因此，深化研究生教育综合改革，提高研究生培养质量，已成为当前高等教育领域的重要任务。本书将从综合改革的研究思路出发，探讨如何通过机制改革、信息化建设、资源配置等手段，全面提升研究生教育质量。

（一）坚持立德树人，明确改革方向

立德树人是教育的根本任务，也是研究生教育综合改革的出发点和落脚点。在改革过程中，我们始终坚持以德为先，把立德树人作为教育的根本方向，注重培养研究生的社会责任感和职业道德素养。同时，我们还要

紧密结合国家和地方的经济社会发展需求，明确改革的目标和方向，确保研究生教育能够更好地服务于国家和地方的发展。

（二）突出特色服务需求，优化培养结构

在研究生教育综合改革中，我们要注重突出特色，根据学校和学科的优势和特色，结合社会需求和行业发展趋势，优化研究生培养结构。通过调整学科布局、完善课程体系、加强实践教学等措施，提高研究生的综合素质和创新能力，使他们更好地适应社会发展的需求。

（三）机制改革提高质量，激发创新活力

机制改革是研究生教育综合改革的核心内容之一，通过改革招生制度、完善导师责任制、加强培养过程管理等方式，激发研究生的创新活力和学习动力。同时，还要建立健全质量保障体系，加强对研究生培养质量的监督和评估，确保研究生教育质量的不断提升。

（四）领军计划追求卓越，培养高层次人才

为了培养更多具有国际竞争力的高层次人才，通过实施领军计划，鼓励和支持研究生参与重大科研项目和国际合作交流，提高他们的科研能力和拓宽他们的国际视野。同时，加强对优秀研究生的奖励和激励，营造良好的学术氛围和创新环境，激发创新潜能和创造力。

（五）加强信息化建设，提升管理效率

信息化建设是提升研究生教育管理效率的重要手段。加强信息化基础设施建设，完善信息化管理系统，实现研究生教育管理的信息化、网络化和智能化。通过信息化手段，我们可以更加便捷地获取各种信息和数据，提高管理效率和决策水平。

（六）以资源配置为突破口，构建以投入和质量为导向的资源配置体系

资源配置是研究生教育综合改革的重要保障。以资源配置为突破口，构建以投入和质量为导向的资源配置体系。通过增加国家拨款、学校投入、学院投入、导师投入和社会捐赠等渠道，拓宽经费筹集渠道，形成研究生教育专项经费池。同时，建立以专项经费驱动育人项目的机制，通过资助人才培养实施过程和奖励培养成果产出，带动科教协同、产教融合、国际化、导师队伍和教材建设等方面的改革。

在具体实施过程中，需注重以下几个方面的改革。

1. 课程改革新思路

以培养学生创新能力和实践能力为重点，加强课程体系的整合和优化，注重跨学科课程的开设和综合性实验的实践。同时，引入现代教学技术和手段，提高课程教学效果和质量。

2. 科研育人新途径

鼓励和支持研究生参与科研项目，培养他们的科研能力和创新精神。通过建立科研团队、开展科研合作、加强科研成果转化等措施，提高研究生的科研素养和实践能力。

3. 产教融合新模式

加强与企业和行业的合作与交流，推动产教融合和校企合作。通过共同制订培养方案、共建实践基地、共享资源等方式，提高研究生的实践能力和就业竞争力。

4. 质量评价新机制

建立健全研究生教育质量评价体系，加强对研究生培养质量的监督和评估。通过引入第三方评价机构、建立信息反馈机制、完善奖惩机制等方式，提高研究生教育质量评价的客观性和公正性。

5. 国际合作新形式

加强与国际高校和科研机构的合作与交流，推动研究生教育的国际化

进程。通过联合培养、互派访问学者、共同开展科研项目等方式，拓宽和提高研究生的国际视野和跨文化交流能力。

6. 研究生教育管理新机制

加强研究生教育管理体系建设，完善管理制度和流程。通过建立健全导师遴选和考核机制、加强研究生学籍和档案管理、完善研究生奖助体系等方式，提高研究生教育管理的规范性和科学性。

坚持以立德树人为根本任务、以服务需求为导向、以提高质量为核心目标、以追求卓越为动力源泉，通过机制改革、信息化建设、资源配置等手段全面提升研究生教育质量。同时，不断探索新时期研究生教育内涵发展的新模式和新路子，为国家和地方的经济社会发展作出更大的贡献。

三、研究目的与任务

通过聚焦学校专业学位研究生教育中存在的突出问题，以学校当前实际状况为出发点，突出问题导向，对四个抓手的多个关键因素所涉及的问题进行重点突破，实现以下目标：

完善研究生培养机制，其中包括培养质量保障机制、招生计划分配机制、硕士生多元化选拔机制、研究生分流管理机制、课程设置管理机制、实践基地建设管理机制、案例库建设管理机制、教学质量监管机制、论文过程监管机制、导师考核及动态管理机制、新增导师培养机制等 11 项培养机制，各机制相互衔接、相互支撑，共同构成完备的专业学位研究生培养机制。同时，对学校当前运行的“三三制”专业学位研究生培养模式持续优化。“三三制”即为 1/3 理论教学、1/3 实践实训、1/3 实战检验相结合的人才培养模式。

（一）健全科学完备的研究培养机制

研究生培养机制是研究生教育的基础和保障。一个科学完备的培养机制，能够确保研究生在知识、能力、素质等方面得到全面发展，为国家和社会培养出更多优秀的高层次人才，具体有以下任务。

1. 完善培养质量保障机制

培养质量是研究生教育的生命线。建立健全研究生培养质量保障机制，包括制订科学合理的培养方案、加强课程建设和教学改革、严格导师遴选和考核制度、强化研究生学术规范和学术道德教育等。通过这些措施，确保研究生在学术水平、创新能力、实践能力等方面达到预定目标。

2. 建立招生计划分配机制

招生计划分配是研究生教育的起点。建立公平、公正、透明的招生计划分配机制，根据各学科的特点和发展需求，结合国家和社会对人才的需求，合理分配招生计划。同时，还应建立动态调整机制，根据学科发展和人才培养情况进行适时调整。

3. 实行硕士生多元化选拔机制

选拔是研究生教育的重要环节。改变过去单一的选拔方式，实行硕士生多元化选拔机制。除考试成绩外，还应注重考查考生的综合素质、创新能力、实践经验等。通过多元化选拔，让更多具有潜力和特长的考生脱颖而出。

4. 建立研究生分流管理机制

分流管理是研究生教育的重要手段。根据研究生的学术兴趣、发展潜力和导师的研究方向等因素，建立研究生分流管理机制。通过分流管理，让研究生在更适合自己的领域和方向上得到更好的发展。

5. 加强课程设置管理机制

课程是研究生教育的重要载体。加强课程设置管理机制，确保课程设置与培养目标相契合，反映学科前沿和社会需求。同时，还应注重课程体系的系统性和整体性，避免课程内容的重复和交叉。

6. 构建实践基地建设管理机制

实践是研究生教育的重要组成部分。构建实践基地建设管理机制，加强与企业、行业、社会的合作与交流，共同建设实践基地。通过实践基地的建设和管理，为研究生提供更多的实践机会和更好的实践环境。

7. 完善案例库建设管理机制

案例教学是培养研究生创新能力的重要途径。完善案例库建设管理机制，注重收集、整理和开发典型案例，形成具有学科特色的案例库。通过案例教学，让研究生在分析和解决实际问题的过程中提高创新能力和实践能力。

8. 确立教学质量监管机制

教学质量是研究生教育的核心。确立教学质量监管机制，加强对教学过程的监督和管理，确保教学质量达到预定目标。同时，还应建立教学质量反馈机制，及时收集和处理研究生对教学的意见和建议，不断改进教学方法和手段。

9. 巩固论文过程监管机制

学位论文是研究生教育的重要成果。巩固论文过程监管机制，加强对论文选题、开题、写作、答辩等环节的监督和管理。通过论文过程的监管，确保研究生能够按照学术规范和学术道德要求完成高质量的学位论文。

10. 优化导师考核及动态管理机制

导师是研究生教育的关键因素。优化导师考核及动态管理机制，加强对导师的遴选、培训、考核和动态管理。通过导师考核和动态管理，确保导师具备指导研究生的能力和条件，从而为研究生提供更好的指导和支持。

11. 推行新增导师培养机制

新增导师是研究生教育的新生力量。推行新增导师培养机制，加强对新增导师的培训和指导，帮助他们熟悉研究生教育的特点和规律，提高指导研究生的能力和水平。通过新增导师的培养，为研究生教育注入新的活力和动力。

（二）持续优化现有人才培养模式

人才培养模式是研究生教育的具体体现。一个科学合理的人才培养模式，能够确保研究生在知识、能力、素质等方面得到全面发展，为国家和社会培养出更多优秀的高层次人才，具体有以下任务。

1. 坚持“三三制”专业学位研究生培养模式

“三三制”专业学位研究生培养模式是学校在长期实践中形成的一种有效的人才培养模式。我们应坚持并不断完善这一模式，确保研究生在学术水平、创新能力、实践能力等方面得到全面发展。同时，还应根据学科特点和社会发展需求，对该模式进行适时调整和优化。

2. 注重跨学科培养和综合性实验的实践

跨学科培养和综合性实验是培养研究生创新能力和实践能力的重要途径。注重跨学科培养和综合性实验的实践，鼓励研究生跨学科选修课程、参与综合性实验项目。通过跨学科培养和综合性实验的实践，拓宽研究生的学术视野并提高其实践能力，提高研究生的综合素质和创新能力。

3. 引入现代教学技术和手段

现代教学技术和手段是提高研究生教育效果和质量的重要工具。积极引入现代教学技术和手段，如在线课程、慕课、翻转课堂等，为研究生提供更加便捷、高效的学习方式。同时，还应加强对研究生的信息素养教育，提高他们的信息技术应用能力和自主学习能力。

4. 加强与国际高校和科研机构的合作与交流

国际化培养是研究生教育的重要趋势。加强与国际高校和科研机构的合作与交流，为研究生提供更多的国际交流机会和更好的国际合作平台。通过国际合作与交流，让研究生了解国际前沿的学术动态和研究方向，拓宽国际视野和提升跨文化交流能力，提高研究生的综合素质和国际竞争力。

为了实现这一目标，首先可以定期举办国际学术会议和研讨会，邀请国际知名学者和专家来校交流，让研究生有机会与国际一流学者面对面交流，了解最新的学术动态和研究进展。其次可以开展国际合作研究项目，鼓励研究生参与国际合作研究，培养他们的团队合作精神和跨国合作研究能力。此外，还可以设立国际交流奖学金，资助研究生赴海外高校和科研机构进行学习和交流，提高他们的语言能力和跨文化适应能力。

在持续优化现有人才培养模式的过程中，还应注重培养研究生的创新能力和实践能力。创新能力是研究生必备的核心素质之一。通过课程设置、教学方式、科研实践等多种途径，激发研究生的创新思维和创新意识，培养他们的创新能力和创新精神。同时，还应加强实践教学环节，为研究生提供更多的实践机会和实践平台，让他们在实践中锻炼和提高自己的实践能力。

此外，还应关注研究生的个性发展和全面素质提升。每个研究生都有自己的兴趣、特长和发展潜力。尊重研究生的个性差异，注重因材施教和个性化培养。通过导师的悉心指导和研究生的自主选择，让研究生在适合自己的领域和方向上得到充分发展。同时，还应加强研究生的思想政治教育和心理健康教育，培养他们的社会责任感和健全他们的人格。

在完善研究生培养机制和持续优化现有人才培养模式的过程中，还应注重评价和反馈机制的建设。通过建立科学合理的评价体系和反馈机制，及时了解研究生的学习状况和发展情况，为研究生提供及时有效的指导和帮助。同时，还应鼓励研究生积极参与评价和反馈过程，让他们成为评价和反馈的主体，提高他们的自我认知和自我管理能力。

健全科学完备的研究生培养机制和持续优化现有人才培养模式是提高研究生教育质量的重要途径。我们应通过完善培养机制、优化人才培养模式、加强国际合作与交流、注重创新能力和实践能力培养、关注个性发展和全面素质提升、建立评价和反馈机制等多种措施，为研究生提供更好的教育环境和更优质的教育资源，为国家和社会培养出更多优秀的高层次人才。

（三）构建人才培养质量保障体系

构建质量全过程、全方位的保障体系，严格执行培养管理制度，加强教育过程管理，强化培养工作的规范性，理顺培养工作流程。强化培养质量监督指导，继续加强学校研究生教学督导对研究生教育全过程、全方位及各环节的检查、监督、指导和评价；加强招生考务工作管理，维护招生考试公平公正；强化招生过程监督检查，成立研究生招生工作领导小组及督查小组，对招生工作各个环节进行指导、检查与监督；强化任课教师管理，严格执行授课教师资格审查制；严格课程教学管理，实施教学质量检查制度；加强研究生学习过程监管，加强研究生学风建设，结合全过程培养要求，在文献阅读、论文选题、开题、课程教学、中期考核、实习实践、论文答辩等环节做好学习情况记录；加强学位论文质量监管，严格执行学位论文相似性检测制度，加强学位论文预答辩管理，加大对学位论文抽查复审力度；明确研究生导师立德树人职责，把立德树人根本任务作为首要职责；加强导师指导能力提升，加强导师招生资格审核；加强学术诚信监管，加大对导师及研究生学术诚信的宣传培训力度及加强监管，建立导师及研究生学术诚信记录，加强对各类学术活动的监管；加强研究生就业创业指导，引导毕业研究生树立正确的择业观和就业观。

随着我国高等教育逐步迈向大众化、普及化阶段，研究生教育作为高层次人才培养的主渠道，其教育质量受到了前所未有的关注。河南财经政法大学作为一所以经济、管理、法律等学科为主，多学科协调发展的高等学府，肩负着为国家、社会培养高素质、复合型人才的重任。为了提高研究生教育质量，学校从构建全方位、全过程的质量保障体系入手，确保每一位研究生都能在这里获得全面、优质的教育。河南财经政法大学具体有以下任务。

1. 严格执行培养管理制度，加强教育过程管理

研究生教育不仅是知识的传授，更重要的是能力的培养和素质的提升。为了确保研究生教育的规范性和有效性，学校制定了一系列严格的培

养管理制度，并严格执行。从研究生入学开始，学校就对其进行全面的学术规范和学术道德教育，让他们明确知道作为一名研究生应该具备的学术素养和道德品质。同时，还加强了对研究生教育过程的管理，确保每一个教育环节都能按照规定的要求和标准进行。

2. 强化培养质量监督指导，确保教育质量全面提升

为了确保研究生教育质量的全面提升，学校强化了培养质量监督指导。一方面，加强了学校研究生教学督导对研究生教育全过程、全方位及各环节的检查、监督、指导和评价。通过定期的教学督导，及时发现教学过程中存在的问题和不足，并及时进行改进。另一方面，加强了对研究生导师的指导能力提升的培训，确保导师具备指导研究生的能力和条件。同时，还建立了导师招生资格审核制度，对导师的招生资格进行严格把关，确保导师队伍的整体素质。

3. 加强招生考务工作管理，维护招生考试公平公正

招生工作是研究生教育的入口关，其公平公正性直接关系到研究生教育的质量和社会的公信力。为了维护招生考试的公平公正，学校加强了招生考务工作管理。学校成立了研究生招生工作领导小组及督查小组，对招生工作各个环节进行指导、检查与监督。同时，学校还加大了招生宣传和培训力度，提高招生工作的透明度和公正性。在考试过程中，严格执行考试纪律和规定，对任何违纪行为进行严肃处理，确保招生考试的公平公正。

4. 强化任课教师管理，提高教学质量

任课教师是研究生教育的重要主体之一，其教学质量直接影响到研究生的学习效果和能力提升。为了强化任课教师管理，提高教学质量，学校严格执行授课教师资格审查制。只有通过资格审查的教师才能担任研究生课程的教学工作。同时，学校还加大了对任课教师的教学质量检查和评价力度，对教学质量不高的教师进行约谈和整改，确保教学质量达到预定目标。

5. 严格课程教学管理，实施教学质量检查制度

课程教学是研究生教育的重要组成部分，其管理水平和质量直接关系到研究生的学习效果和能力提升。为了严格课程教学管理，实施教学质量检查制度，学校制定了一系列课程教学管理规定和制度，并严格执行。对每一门课程都制订了详细的教学计划和教学大纲，确保课程内容的科学性和系统性。同时，还加强了对课程教学过程的监督和管理，实施教学质量检查制度，对教学质量不高的课程进行及时整改和调整。

6. 加强研究生学习过程监管，提高学习效果

研究生学习过程是研究生教育的重要环节之一，其学习效果直接影响到研究生的能力和素质提升。为了加强研究生学习过程监管，提高学习效果，结合全过程培养要求，学校在文献阅读、论文选题、开题、课程教学、中期考核、实习实践、论文答辩等各个环节做好学习情况记录。通过定期的学习情况检查和评估，能够及时了解研究生的学习状况和发展情况，并为他们提供及时有效的指导和帮助。同时，学校还加强了研究生学风建设，营造浓厚的学术氛围和良好的学习环境。

7. 加强学位论文质量监管，提高研究生培养质量

学位论文是研究生教育的重要成果之一，其质量直接关系到研究生的培养质量和学术水平。为了加强学位论文质量监管，提高研究生培养质量，学校严格执行学位论文相似性检测制度，对存在抄袭、剽窃等学术不端行为的论文进行严肃处理。同时，还加大了学位论文预答辩管理和对学位论文抽查复审力度，确保每篇学位论文都能达到规定的学术水平和质量要求。此外，学校还鼓励研究生积极参与学术交流和学术活动，开阔他们的学术视野并提高其综合素质。

8. 明确研究生导师立德树人职责，加强导师队伍建设

研究生导师是研究生教育的重要主体之一，其立德树人职责是研究生教育的根本任务。为了明确研究生导师立德树人职责，加强导师队伍建设，应把立德树人根本任务作为导师的首要职责。学校要求导师不仅要关

注研究生的学术成果和学术水平提升，更要关注研究生的思想道德品质培养和人格塑造。同时，还加大了对导师的培训和指导力度，提高他们的指导能力和水平。此外，学校还建立了导师考核和动态管理机制，对导师的指导工作进行定期评估和监督。

9. 加强学术诚信监管，营造良好学术氛围

学术诚信是研究生教育的基石之一，其重要性不言而喻。为了加强学术诚信监管，营造良好学术氛围，学校加大对导师及研究生学术诚信的宣传培训及监管力度。要求导师和研究生都要树立严谨的学风和科研态度，遵守学术规范和学术道德。同时，还建立了导师及研究生学术诚信记录制度，对违反学术诚信的行为进行严肃处理。

10. 深化开放合作，拓宽研究生教育视野

在全球化和信息化的大背景下，封闭式的教育模式已无法满足当代研究生全面发展的需要。学校积极深化开放合作，与国内外一流高校、科研机构和企业建立紧密的合作关系，为研究生提供更广阔的学术视角和实践平台。通过定期的学术交流、联合培养、合作研究等活动，学校鼓励研究生走出校园，接触前沿的学术思想和先进的实践经验，培养他们的国际视野和跨文化交流能力。同时，还引进优质的外部资源，如先进的教学理念、一流的师资队伍、丰富的科研设备等，为学校的研究生教育注入新的活力和动力。

11. 建立以培养质量为导向的资源配置机制，优化教育资源分配

为了确保研究生教育的质量，学校建立了以培养质量为导向的资源配置机制。根据研究生的培养质量、学术成果和社会贡献等因素，学校动态地分配教育资源，包括招生计划、科研经费、教学设备、实习实践基地等。这种资源配置机制打破了传统的“大锅饭”模式，激发了研究生和导师的积极性和创造性。同时，学校还优化了教育资源的分配方式，通过公开、公平、公正的评审和竞争机制，确保资源能够高效、合理地用于研究生教育，提升教育的整体效益。

12. 加强研究生就业创业指导，助力研究生未来发展

就业和创业是研究生教育的重要出口，也是衡量研究生教育质量的重要标准。学校高度重视研究生的就业和创业工作，加强了对研究生的就业创业指导。学校设立专门的就业指导中心，为研究生提供职业规划、求职技巧、招聘信息等全方位的服务。同时，学校还与各大企业、政府部门和社会组织建立了紧密的合作关系，旨在为研究生提供更多的实习和就业机会。此外，学校还鼓励和支持研究生自主创业，为他们提供创业培训、项目孵化、资金支持等全方位的创业服务，助力他们实现自己的梦想和价值。

13. 持续创新研究生教育管理模式，提升管理效率和服务水平

随着研究生教育规模的不断扩大和教育需求的日益多样化，传统的教育管理模式已无法满足当前的需要。学校持续创新研究生教育管理模式，通过信息化、智能化等手段提升管理效率和服务水平。学校建立了完善的研究生教育管理信息系统，实现了从招生、培养、学位授予到就业等各环节的信息共享和流程优化。同时，学校还加强了对管理人员的培训和教育，提升他们的专业素养和服务意识，为研究生提供更优质、更便捷的教育服务。

综上所述，学校从 13 个方面构建了研究生培养质量全覆盖、无死角的保障体系，确保了研究生教育的规范性、有效性和先进性。通过这些措施的实施，我们相信能够培养出一批批具有高素质、创新能力和实践经验的研究生人才，为国家和社会的发展作出更大的贡献。

（四）进一步明确人才培养目标

进一步明确学校专业学位研究生人才培养目标，通过明确的培养目标倒逼培养过程，明确与学术型研究生教育的不同，突出专业学位研究生教育的特色。制定各类别专业学位研究生差异化、多元化培养目标，凝练方向，突出特色，鼓励研究生积极发展个性、培养研究和实践兴趣，实现个

性和全面发展的完美统一。培养具有坚实的理论基础和丰富的专业知识、具有较强的解决实际问题的能力、能够承担专业技术或管理工作、具有良好的职业素养，并适应特定行业或职业实际工作需要的应用型高层次专门人才。

随着社会的快速发展和科技的日新月异，人才培养已成为国家和社会发展的核心驱动力。特别是在当前全球化和信息化的背景下，对高层次、创新型、应用型人才的需求日益迫切。作为人才培养的重要基地，高校肩负着为国家和社会输送合格人才的重任。而研究生教育作为高等教育的最高层次，更是培养高层次人才的重要途径。因此，进一步明确学校专业学位研究生人才培养目标，对于提升学校研究生教育质量、满足社会对人才的需求具有重要意义。

1. 明确专业学位研究生教育的特色与定位

专业学位研究生教育与学术型研究生教育在培养目标上存在明显的差异。学术型研究生教育注重培养研究型人才，强调学术研究和理论创新；专业学位研究生教育则注重培养应用型人才，强调实践能力和职业素养。因此，在明确学校专业学位研究生人才培养目标时，必须突出专业学位研究生教育的特色，即强调实践性、应用性和职业性。

2. 制定差异化、多元化培养目标

不同类别的专业学位研究生在培养目标上也应该存在差异化和多元化。例如，工程硕士应该注重培养工程实践能力和创新精神，强调解决实际工程问题的能力，管理硕士则应该注重培养管理实践能力和领导才能，强调解决实际管理问题的能力。因此，在制定学校专业学位研究生人才培养目标时，必须根据不同类别的专业学位研究生的特点和社会需求，制定差异化、多元化的培养目标。

3. 凝练方向、突出特色

在明确培养目标的基础上，还需要进一步凝练方向、突出特色。具体来说，就是要结合学校的学科优势、师资力量、科研条件等资源，确定几个具有特色和优势的培养方向，并在这些方向上集中力量进行突破。通过凝练方向、突出特色，可以使学校专业学位研究生教育在同类高校中脱颖而出，形成自己的品牌和优势。

4. 鼓励研究生个性化发展

在明确培养目标的同时，还需要鼓励研究生个性化发展。每个研究生都有自己的兴趣、特长和职业规划，只有充分尊重他们的个性差异，才能激发他们的学习热情和创造力。因此，在制订培养计划和设置课程时，应该充分考虑研究生的个性需求和发展方向，为他们提供更多的选择空间和发展机会。

5. 实现个性化和全面发展的完美统一

个性化发展和全面发展并不矛盾，而是相辅相成的。在鼓励研究生个性化发展的同时，也要注重培养他们的综合素质和能力。具体来说，就是要通过课程设置、实践教学、科研训练等途径，全面提升研究生的知识、能力、素质等方面的水平。只有这样，才能使他们在未来的职业生涯中更好地适应社会的需求和发展。

6. 培养应用型高层次专门人才

学校专业学位研究生的培养目标是培养具有坚实的理论基础和丰富的专业知识、具有较强的解决实际问题的能力、能够承担专业技术或管理工作、具有良好的职业素养的应用型高层次专门人才。这样的人才不仅具备扎实的理论基础和专业知识，还具备丰富的实践经验和较高的职业素养，能够迅速适应社会的需求和发展，为国家和社会的发展作出更大的贡献。

为了实现这一培养目标，我们需要从以下几个方面入手：一是加强课程体系建设，构建符合专业学位研究生教育特点的课程体系；二是加强实践教学环节，提高研究生的实践能力和职业素养；三是加强师资队伍建设，引进和培养一批具有丰富实践经验和教学经验的优秀教师；四是加强与企业、行业的合作与交流，为研究生提供更多的实习和实践机会；五是加强质量保障体系建设，确保研究生培养质量的稳步提升。

进一步明确学校专业学位研究生人才培养目标对提升学校研究生教育质量、满足社会对人才的需求具有重要意义。在未来的工作中，我们将继续努力探索和实践，不断完善和优化研究生教育体系，为国家和社会培养更多优秀的高层次应用型人才。

（五）实现高质量人才培养

通过专业学位研究生教育综合改革，全面落实立德树人这一根本任务，不断提高对研究生教育重要性的认识，充分发挥研究生教育对于实现强国梦的重要性，全面深化研究生教育的综合改革成果，服务经济社会发展，打造带动全国发展的新增长极，为决胜全面小康、让中原更加出彩提供有力支撑。随着近年来经济社会的发展，河南作为中部地区的重要省份，主动承担起“为国家试制度，为地方谋发展”的重任，在国家区域协调发展中发挥着举足轻重的作用。因此，我们在人才培养中要更加突出创新精神和实践能力培养，更加突出产教融合发展，进一步突出开放合作，把分类推进培养机制和模式改革、统筹构建质量保障体系作为改革的着力点，将社会主义核心价值观融入研究生培养，培养德才兼备的合格高级应用型人才。

随着时代的进步和社会的发展，人才培养的重要性越发凸显。特别是在当前国家实施创新驱动发展战略，推进经济高质量发展的大背景下，高层次、创新型、应用型人才的培养更是成了关键所在。高校作为人才培养的摇篮，肩负着为国家和社会培养合格人才的重任。而研究生教育，作为高等教育的最高层次，其培养质量直接关系到国家的科技创新能力和国际竞争力。

专业学位研究生教育综合改革的提出，正是基于对当前研究生教育现状的深入思考和对未来社会发展的前瞻性预判。其根本目的在于全面落实立德树人这一根本任务，提高研究生培养质量，对接服务经济社会发展，为国家的现代化建设提供有力的人才支撑。

在实现高质量人才培养的过程中，必须坚持德育为先，把立德树人作为根本任务。这不仅要求我们在课程教学中注重知识的传授和能力的培养，更要注重价值观的引导和人格的塑造。要通过多种形式的教育活动，引导研究生树立正确的世界观、人生观和价值观，培养他们的社会责任感和职业道德素养。

同时，我们还要更加突出创新精神和实践能力的培养。创新是推动社会进步的重要力量，也是研究生教育的重要目标。我们要鼓励研究生勇于探索、敢于创新，培养他们的创新思维和创新能力。同时，我们还要加强实践教学环节，提高研究生的实践能力，使他们能够更好地适应社会的需求和发展。

产教融合发展是实现高质量人才培养的重要途径。高校要与企业、行业等加强合作与交流，共同构建产教融合的研究生培养模式。通过联合培养、共建实验室、共享资源等方式，实现高校与企业、行业的深度融合，为研究生提供更多的实习和实践机会，培养他们的职业素养和实践能力。

开放合作也是实现高质量人才培养的重要手段。随着全球化的发展和信息化的推进，开放合作已成为不可逆转的趋势。我们要积极拓展国际合作与交流渠道，引进国外先进的教育理念和教学资源，提高研究生教育的国际化水平。同时，我们还要加强与国内其他高校的合作与交流，实现优势互补、资源共享，共同推动研究生教育的发展。

在推进分类培养机制和模式改革的过程中，我们要根据不同类别研究生的特点和社会需求，制定差异化的培养目标、课程体系和培养方式。通过分类培养，可以更好地满足社会的多元化需求，提高研究生的就业竞争力和社会适应能力。同时，我们还要构建质量保障体系，加强研究生培养过程的质量监控和管理，确保研究生培养质量的稳步提升。

为了实现高质量人才培养的目标，我们还要加强师资队伍建设。师资队伍是研究生教育的重要保障。我们要引进和培养一批具有丰富实践经验和教学经验的优秀教师，提高他们的教学水平和科研能力。同时，我们还要构建科学合理的激励机制和评价体系，鼓励教师积极参与研究生教育工作，为研究生的成长成才提供更好的指导和帮助。

此外，我们还要加强研究生的学风建设。学风是研究生培养质量的重要体现。我们要通过开展多种形式的学术活动和科技创新活动，激发研究生的学术热情和创新精神。同时，我们还要加强学术道德教育和学术规范训练，提高研究生的学术素养和科研能力。

实现高质量人才培养是专业学位研究生教育综合改革的重要目标。我们要从德育为先、创新能力培养、产教融合发展、开放合作、分类培养机制改革、师资队伍建设、学风建设等多个方面入手，全面提升研究生培养质量，为国家和社会的发展培养更多优秀的高层次应用型人才。通过我们的不懈努力和共同奋斗，相信我们一定能够实现这一宏伟目标，为中华民族的伟大复兴贡献自己的力量。

（六）构建人才培养质量长效机制

满足研究生教育的体制机制、人才培养的模式要求，进一步建立和完善研究生教育对接社会需求的机制，规模与结构类型满足区域经济社会发展的多样化需求，管理体制与运行机制协调融洽，持续深化研究生培养机制和模式创新，形成多元分类的模式，深入推进产教融合，强调专业学位研究生实践能力、创新能力和整体素质的提升，重视德才兼备。面对新形势新任务，进一步增强对研究生教育重要性的认识，提高立德树人的责任感和使命感，以创新驱动和高端引领为指引，全面深化教育综合改革。构建研究生教育综合改革体系，形成有适度张力的综合治理体系，确保改革成果可以有效执行和落实，形成长效机制。

随着我国经济社会的快速发展和国际竞争的日益激烈，研究生教育作为培养高层次人才的重要途径，其质量和效益越来越受到社会各界的广泛关注。当前，我国正处于转变经济发展方式、优化经济结构、转换增长动力的攻关期，对高层次、创新型、应用型人才的需求愈加迫切。因此，构建人才培养质量长效机制，提高研究生培养质量，已成为当前我国研究生教育改革和发展的重要任务。

1. 研究生培养机制改革

研究生教育的体制机制改革是构建人才培养质量长效机制的重要基础。首先，要进一步完善研究生招生制度，推行分类考试、综合评价、多元录取的招生模式，提高招生的科学性和公平性。其次，要改革研究生培养方式，建立以科学研究为主导的导师责任制和导师项目资助制，鼓励研究生参与重大科研项目，加强研究生的实践能力和创新能力培养。最后，要加强研究生的国际化培养，拓宽研究生的国际视野并提升跨文化交流能力。

2. 人才培养模式的创新

人才培养模式的创新是构建人才培养质量长效机制的核心内容。要根据社会需求和研究生培养规律，不断探索和创新研究生培养模式。首先，要推行“产学研”结合的培养模式，加强高校与科研院所、企业的合作，促进科研成果转化和产业化。其次，要推行跨学科、跨领域的培养模式，鼓励研究生跨学科、跨领域学习和研究，培养具有复合型知识结构的高层次人才。最后，要注重研究生的个性化培养，根据研究生的兴趣、特长和发展方向，制订个性化的培养方案，促进研究生的全面发展。

3. 对接社会需求的机制建设

对接社会需求的机制建设是构建人才培养质量长效机制的重要保障。首先，要加强高校与社会的联系，及时了解社会对人才的需求和变化，调整研究生培养结构和方向。其次，要加强高校与政府、企业、行业等的合作与交流，共同构建产教融合、校企合作的研究生培养机制，为研究生提供更多的实践机会和就业渠道。最后，要建立健全研究生教育质量保障体系，加强对研究生培养过程的质量监控和管理，确保研究生培养质量的稳步提升。

4. 管理体制与运行机制的协调融洽

管理体制与运行机制的协调融洽是构建人才培养质量长效机制的关键环节。首先，要明确各级管理部门的职责和权限，形成科学、高效、协调的管理体制。其次，要加强研究生教育的信息化建设，利用现代信息技术手段提高管理效率和服务水平。最后，要加强研究生导师队伍建设，提高导师的学术水平和指导能力，为研究生的成长成才提供更好的指导和帮助。

5. 深化研究生培养机制和模式创新

深化研究生培养机制和模式创新是构建人才培养质量长效机制的重要途径。首先，要持续深化研究生培养机制改革，形成多元分类的培养模式。其次，要加强研究生课程建设，完善课程体系和教学内容，提高课程质量和教学效果。最后，要加强研究生的学风建设，营造良好的学术氛围和创新环境，激发研究生的学术热情和创新精神。

6. 推进产教融合和校企合作

推进产教融合和校企合作是构建人才培养质量长效机制的重要手段。首先，要加强高校与企业的合作与交流，共同构建产教融合的研究生培养模式。通过联合培养、共建实验室、共享资源等方式，实现高校与企业、行业的深度融合，为研究生提供更多的实习和实践机会。其次，要加强与国内其他高校的合作与交流，实现优势互补、资源共享，共同推动研究生教育的发展。最后，要积极拓宽国际合作与交流渠道，引进国外先进的教育理念和教学资源，提高研究生教育的国际化水平。

7. 重视德才兼备的高素质人才培养

重视德才兼备的高素质人才培养是构建人才培养质量长效机制的根本目标。在研究生培养过程中，首先，要注重德育为先、能力为重、全面发展的原则，加强研究生的思想政治教育和职业道德教育，培养研究生的社会责任感和职业道德素养。其次，要加强研究生的实践能力和创新能力培养，提高研究生的就业竞争力和社会适应能力。最后，要注重研究生的个性化培养和发展方向的引导，促进研究生的全面发展和成长成才。

构建人才培养质量长效机制是研究生教育改革和发展的重要任务。我们要从体制机制改革、人才培养模式创新、对接社会需求机制建设、管理体制与运行机制协调融洽、深化研究生培养机制和模式创新、推进产教融合和校企合作、重视德才兼备的高素质人才培养等七个方面入手，全面提升研究生培养质量，为国家和社会的发展培养更多优秀的高层次应用型人才。通过我们的不懈努力和共同奋斗，相信我们一定能够实现这一宏伟目标，为中华民族的伟大复兴贡献自己的力量。

（七）完善研究生教育管理信息化平台

通过综合改革，全面升级改造学校研究生教育管理信息化平台，做好基础数据导入、人员培训、系统切换等。研究生教育管理信息化平台系统功能模块和流程可以高效支持学校研究生教育业务需求，可以对接学校统一身份认证平台实现单点登录，对接学校数据中心平台共享数据。同时，研究生教育管理信息化平台系统支持对接多个国家平台，提高数据报送效率，对接包括学信网、学位授予信息报送系统、二级学科自主设置信息平台、研究生培养质量反馈调查平台、全国学位与研究生教育质量信息平台等国家平台。

随着信息技术的迅猛发展和教育信息化的深入推进，研究生教育管理信息化平台在提升研究生培养质量、优化管理流程、提高管理效率等方面发挥着越来越重要的作用。特别是在当前研究生教育规模不断扩大、培养要求不断提高的背景下，完善研究生教育管理信息化平台已成为推动研究生教育改革和发展的重要举措。

1. 研究生教育管理信息化平台的重要性

研究生教育管理信息化平台是研究生教育管理的重要组成部分，它能够实现研究生教育管理的信息化、网络化和智能化，提高管理效率和服务水平。通过信息化平台，可以实现研究生招生、培养、学位授予等全过程的信息化管理，方便管理者和师生随时了解研究生培养情况，及时发现问题并采取措施。同时，研究生教育管理信息化平台还可以为研究生提供更加丰富的学习资源和更加便捷的学习方式，促进研究生的全面发展。

2. 学校研究生教育管理信息化平台的现状与问题

近年来，学校在研究生教育管理信息化平台建设方面取得了一定的成绩，但也存在一些问题。首先，系统功能不够完善，无法满足研究生教育管理的全部需求。其次，系统操作流程不够简便，用户体验不佳。最后，系统还存在数据共享不畅、对接国家平台不够便捷等问题，影响了研究生教育管理的效率和质量。

3. 完善研究生教育管理信息化平台的措施

为了完善研究生教育管理信息化平台，提高研究生培养质量和管理效率，我们采取了以下措施。

第一，升级改造信息化平台系统。根据研究生教育管理的需求和业务流程，对信息化平台系统进行全面升级改造，完善系统功能，优化操作流程，提高用户体验。同时，做好基础数据导入、人员培训、系统切换等工作，确保系统升级改造的顺利进行。

第二，对接学校统一身份认证平台和数据中心平台。为了实现单点登录和数据共享，我们将研究生教育管理信息化平台对接到学校统一身份认证平台和数据中心平台。通过对接身份认证平台，实现用户身份的统一管理和认证，方便用户访问系统；通过对接数据中心平台，实现数据的共享和交换，避免数据重复录入和不一致的问题。

第三，对接多个国家平台。为了提高数据报送效率和质量，我们将研究生教育管理信息化平台对接到多个国家平台。通过对接这些国家平台，实现数据的自动报送和共享，减轻数据报送的工作量，提高数据报送的准确性和及时性。

第四，加强系统安全和维护。为了保障系统的安全稳定运行，我们将加强系统的安全和维护工作。首先，建立完善的系统安全管理制度和应急预案，确保系统的安全性和可靠性。其次，定期对系统进行维护和升级，保持系统的最新版本和最佳状态。最后，加强系统数据的备份和恢复工作，防止数据丢失和损坏。

4. 完善研究生教育管理信息化平台的意义

完善研究生教育管理信息化平台对于提高研究生培养质量和管理效率具有重要意义。首先，信息化平台可以为研究生提供更加便捷、高效的学习和管理服务，提高研究生的学习体验和满意度。其次，信息化平台可以实现研究生教育管理的信息化、网络化和智能化，提高管理效率和服务水平。最后，信息化平台可以促进研究生教育管理的规范化和科学化，推动研究生教育的改革和发展。

完善研究生教育管理信息化平台是推动研究生教育改革和发展的重要举措。我们将从系统升级改造、对接学校统一身份认证平台和数据中心平台、对接多个国家平台、加强系统安全和维护等方面入手，全面提升研究生教育管理信息化平台的性能，为研究生提供更加优质、高效的学习和管理服务。相信在不久的将来，学校的研究生教育管理信息化平台将成为全国高校中的佼佼者，为我国研究生教育事业的发展作出更大的贡献。

四、研究价值

人才培养的质量与社会各行业越来越高并持续变化的要求之间仍有较大落差，促使我们在生源质量、过程控制等方面全面发力，推动人才培养的改革与创新，促进专业学位教育水平不断提高。重点以满足服务需求和提升职业能力为导向，修订培养方案，优化课程设置，积极推进实践基地、实践专业和实践课程建设。当今世界正处于百年未有之大变局中，世界格局的复杂性、不确定性和不稳定性正在进一步加剧。人才是创新的核心力量，对人才的竞争日趋激烈，通过专业学位研究生教育综合改革来优化专业结构，提高人才培养质量，提高研究生群体的创新创造能力，主动对接国家战略需求，服务经济社会发展。

（一）有利于各主体全方位领会国家相关政策精神

通过教育综合改革，进一步实施管理重心下移，深入推进学院办大学的理念，给予学院在研究生教育方面更多的自主权，在学院层面百花齐放，各显特色。要求在学院层面吃透国家与研究生教育相关的文件、政策精神，在研究生培养的基层单位做到目标不偏移，过程不走形，要求不降低，质量不打折。本书系统梳理了近年来国家发布的政策文件、重大事件和历次重要的研究生教育会议精神。首先，要看到我国的专业学位研究生教育取得了明显的成绩，有效支撑了我国经济社会发展的人才需求。其次，我国专业学位研究生教育还存在不少问题，还有很大的进步空间。再次，作为研究生教育培养的主体，高校应该更加清醒地看到当前国际国内形势的巨大变化，现有的国际秩序受到了极大的挑战，同时也面临着更多的发展机遇。随着第四次工业革命的到来，人才已经成为经济社会发展的核心动力，拥有了人才就拥有了全球竞争力。最后，高校要始终思考人才培养的衡量标准，培养什么人，怎样培养人，为谁培养人，要求高校始终坚持党对教育事业的全面领导，坚持把立德树人作为根本任务，坚持优先发展教育事业，坚持社会主义办学方向，坚持扎根中国大地办教育，坚持以人民为中心发展教育，坚持深化教育改革创新，坚持把服务中华民族伟大复兴作为教育的重要使命，坚持把教师队伍建设作为基础工作。

研究生教育作为高层次人才培养的重要渠道，其质量和效果直接关系到国家的创新能力和国际竞争力。近年来，我国研究生教育规模不断扩大，培养质量也稳步提升，但在快速发展的同时，也暴露出一些问题，如培养模式单一、创新能力不足、与经济社会发展需求脱节等。为了解决这些问题，推动研究生教育持续健康发展，国家相继出台了一系列政策文件，对研究生教育进行了全面规划和部署。

研究生教育综合改革就是在这样的背景下应运而生的。这种改革有利于激发学院的办学活力，促进学院在研究生培养方面积极探索、勇于创新，形成各具特色的培养模式和管理机制。

在研究生教育综合改革的过程中，各主体全方位领会国家相关政策精神是至关重要的。只有深入理解政策精神，才能确保改革的方向正确、措施得力、效果显著。具体来说，各主体需要从以下几个方面来领会国家相关政策精神。

1. 坚持立德树人根本任务

立德树人是中国特色社会主义教育的根本任务，也是研究生教育的根本任务。在研究生教育综合改革中，必须始终坚持德育为先、能力为重、全面发展的育人理念，把立德树人的要求贯穿到研究生培养的各个环节。通过加强思想政治教育、学术道德教育、职业素养教育等，培养研究生的社会责任感、创新精神和实践能力，使其成为德智体美劳全面发展的社会主义建设者和接班人。

2. 服务国家发展战略需求

研究生教育作为高层次人才培养的主渠道，必须紧密对接国家发展战略需求，为经济社会发展提供有力的人才支撑和智力支持。在研究生教育综合改革中，要优化学科专业布局，加强新兴学科和交叉学科建设，培养更多适应国家发展战略需求的高层次人才。同时，要加强“产学研”合作，推动研究生教育与科技创新、产业发展的深度融合，提高研究生的实践能力和创新能力。

3. 提高培养质量

提高培养质量是研究生教育综合改革的核心目标。在改革中，要完善研究生培养机制，加强导师队伍建设，提高导师的指导能力和水平。同时，要创新研究生培养模式，注重个性化培养，鼓励研究生积极参与科研创新和社会实践。此外，还要加强研究生教育质量监督体系建设，建立健全质量保障机制，确保研究生培养质量的稳步提升。

4. 促进国际化发展

随着全球化的深入发展，国际化已成为研究生教育发展的重要趋势。在研究生教育综合改革中，要积极引进国外优质教育资源，推动中外合作办学和学术交流，拓宽研究生的国际视野和提高跨文化交流能力。同时，要鼓励研究生参与国际科研项目和学术竞赛，培养具有国际竞争力的高层次人才。

通过研究生教育综合改革，可以进一步实施管理重心下移，深入推进学院办大学的理念。这种改革有利于激发学院的办学活力，促进学院在研究生培养方面积极探索、勇于创新。同时，改革还有利于各主体全方位领会国家相关政策精神，确保改革的方向正确、措施得力、效果显著。在未来的发展中，我们需要继续深化研究生教育综合改革，不断完善培养机制、创新培养模式、提高培养质量、促进国际化发展，为国家的创新发展和参与国际竞争提供有力的人才保障。

此外，研究生教育综合改革还有利于推动教育公平。通过优化资源配置，加大对基础学科、关键领域和薄弱环节的支持力度，可以缩小不同学科、不同地区之间研究生教育的发展差距。同时，改革还有利于推动研究生教育的内涵式发展，从注重规模扩张转向注重质量提升，实现研究生教育的高质量发展。

在研究生教育综合改革的过程中，我们还需要注意处理好几个关系。首先，要处理好改革与稳定的关系。改革是动力，稳定是前提。在推进改革的过程中，要确保教学秩序的稳定和师生权益的保障。其次，要处理好培养单位与管理部门的关系。培养单位是研究生培养的主体，管理部门要简政放权、优化服务，为培养单位创造良好的办学环境。最后，要处理好国内培养与国际合作的关系。在坚持以国内培养为主的同时，积极开展国际合作与交流，引进国外优质教育资源，提高研究生教育的国际化水平。

研究生教育综合改革是一项系统工程，涉及多个方面和多个主体。只有全面理解国家相关政策精神，才能确保改革的方向正确、措施得力、效果显著。通过改革，我们可以进一步激发学院的办学活力，提高研究生的培养质量，推动研究生教育的持续健康发展。

（二）有利于促进培养模式改革

结合各专业学位类别的人才培养目标和全国教学指导委员会的意见，学校各类别的专业学位研究生明确培养目标、规范培养过程、健全培养制度、完善培养评价标准，多年来打造了学校专业学位研究生教育“一特色、一统一”品牌，即以产教融合培养为鲜明特色、职业性和学术性高度统一的“三三制”专业学位研究生培养模式。多年来为区域经济社会发展输送了大量优秀人才，积累了一整套较成熟的人才培养经验做法。同时也发现，在人才培养过程中仍存在“专业学位教育学术化”“各类别专业学位研究生教育趋同化”等问题，严重制约了学校“一特色、一统一”品牌效应发挥。通过专业学位研究生教育综合改革项目的带动，学校更加注重产教融合，构建与行业背景紧密结合的模块化课程体系和协同培养的实践平台，着力提升研究生职业素养和创新能力，实现特色明显、专业突出的培养目标。针对不同类别的研究生，学校根据领域和行业的人才需求制定多元化培养目标，实施目标驱动的分类培养机制；借助学校即将开展的人才培养方案修订的机会科学制定课程体系，在类别和领域层次结合行业专家制定课程模块，构建创新能力与职业素养共同推进的课程体系；进一步打造精品实践平台，将行业导师请进来，同时将校内导师派出去，建立职业素养与创新能力协同教育机制，深化校企、校地合作；结合学校科学发展和人才需求，积极对接国家区域重大战略，及时调整人才培养方向，凝练培养特色。通过研究生培养模式改革来充分利用校内外教育资源，尤其是校外资源对研究生教育培养的良性支撑。

研究生教育作为高层次人才培养的重要途径，其质量和效益日益受到社会各界的广泛关注。特别是在我国经济转型升级、创新驱动发展的大背景下，研究生教育的地位和作用更加凸显。因此，深化研究生教育综合改革，促进培养模式创新，对于提高研究生培养质量、推动高等教育内涵式发展具有重要意义。

1. 研究生培养模式改革的必要性

研究生培养模式是影响研究生教育质量的关键因素之一。然而，随着我国经济社会的快速发展和科技的不断进步，传统的研究生培养模式已难以满足新时代的需求。特别是在专业学位研究生教育领域，存在一些问题亟待解决。例如，部分高校专业学位研究生教育过于注重学术性，忽视了职业性的培养，导致研究生毕业后难以适应市场需求；同时，各类别专业学位研究生教育趋同化现象严重，缺乏特色和优势。

针对这些问题，深化研究生培养模式改革显得尤为重要。通过改革，可以进一步明确培养目标、优化课程设置、强化实践环节、完善导师制度等，从而提高研究生培养质量，培养出更多符合社会需求的高层次人才。

2. 研究生培养模式改革的策略

（1）明确培养目标。明确培养目标是研究生培养模式改革的基础。高校应结合各专业学位类别的人才培养目标和全国教学指导委员会的意见，制定具体、可操作的培养目标。同时，要加强与行业企业的沟通与合作，了解市场需求和发展趋势，确保培养目标符合实际需求。

（2）优化课程设置。课程设置是研究生培养的重要组成部分。高校应根据培养目标和市场需求，优化课程设置方案，构建模块化、系统化的课程体系。同时，要注重课程内容的更新和完善，引入前沿知识和技术，提高课程的实用性和针对性。此外，还要加强实践性课程的建设，为研究生提供更多的实践机会和平台。

（3）强化实践环节。实践是研究生培养的重要环节之一。高校应加强与行业企业的合作，共同建设实践基地和实验室，为研究生提供优质的实践资源。同时，要注重培养研究生的实践能力和创新意识，鼓励研究生参与科研项目并与企业合作，提高其解决实际问题的能力。

（4）完善导师制度。导师是研究生培养的第一责任人。高校应加强对导师的选拔和培训，提高导师的学术水平和指导能力。同时，要建立科学的导师考核机制，对导师的指导质量和成果进行评价和激励。此外，还要鼓励导师与研究生之间建立良好的互动关系，加强沟通与交流，促进研究生全面发展。

（三）有利于推进教育实践平台建设

通过本书项目的实施推进，可以使各专业学位类别在当前经济社会环境中进一步明确人才培养的职业素养目标，根据行业领域对人才的需求，科学制定人才培养目标，通过明确的人才培养目标来倒逼实践培养过程，使研究生获得充足的专业基础知识、饱满的实践应用和应有的创新能力。进一步加大资金投入力度、强化硬件设施建设，进一步提升专业学位研究生教育校内外合作的活跃程度。促进校外实践实训基地和校内外联合“产学研”机构的建设，加大实践基地导师的聘任力度，进一步优化实践效果评价标准。当前学校在校企、校地、校政合作方面已做了不少卓有成效的工作。例如，目前学校法学院与省律师协会合作创建了律师学院，民商经济法学院联合省知识产权局创建了知识产权学院，国际经济贸易学院联合豫发置业公司创办了建树产业学院，获得了社会捐助，资金达数千万元。

教育实践平台作为研究生教育的重要组成部分，对于提高研究生的实践能力和创新意识具有重要意义。因此，通过专业学位研究生教育综合改革，有利于推进教育实践平台建设，从而提高研究生的培养质量，为国家的创新发展和参与国际竞争提供有力的人才保障。

1. 教育实践平台的地位与作用

教育实践平台是研究生进行实践活动的重要场所，是研究生将理论知识与实际应用相结合的重要桥梁。通过教育实践平台，研究生可以深入了解行业领域的发展现状和趋势，掌握先进的技术和方法，提高解决实际问题的能力。同时，教育实践平台也是研究生创新意识和创新能力培养的重要基地。在实践活动中，研究生需要不断地探索和创新，从而培养出独立思考和解决问题的能力。

2. 推进教育实践平台建设的策略

（1）明确建设目标。明确建设目标是推进教育实践平台建设的基础。高校应根据各专业学位类别的人才培养目标和市场需求，制定具体、可操作的建设目标。同时，要加强与行业企业的沟通与合作，了解市场需求和发展趋势，确保建设目标符合实际需求。

（2）加大资金投入力度。资金投入是推进教育实践平台建设的重要保障。高校应通过多种渠道筹集资金，加大对教育实践平台建设的投入力度。同时，要注重资金的使用效益，确保资金用于最需要的地方，发挥出最大的效益。

（3）强化硬件设施建设。硬件设施是教育实践平台建设的重要组成部分。高校应根据建设目标和实际需求，加强硬件设施的建设和更新。例如，可以建设实验室、实践基地、创新创业中心等设施，为研究生提供优质的实践资源。同时，还要注重硬件设施的维护和管理，确保其正常运转和高效使用。

（4）提高校内外合作活跃程度。校内外合作是推进教育实践平台建设的重要途径。高校应加强与行业企业、政府部门、科研院所等的合作与交流，共同建设教育实践平台。通过合作，可以共享资源、优势互补、互利共赢，为研究生提供更多的实践机会和平台。同时，还可以借鉴和吸收外部的先进经验和做法，推动教育实践平台的不断创新和发展。

（5）优化实践效果评价标准。实践效果评价是推进教育实践平台建设的重要环节。高校应根据培养目标和实际需求，制定科学、合理的实践效果评价标准。同时，要注重对研究生实践过程的监督和管理，确保实践活动的质量和效果。此外，还要及时对实践效果进行评价和反馈，为后续的改进和完善提供有力依据。

3. 教育实践平台建设的实践

学校在研究生教育实践平台建设方面取得了显著成效。学校通过明确建设目标、加大资金投入力度、强化硬件设施建设、提高校内外合作活跃程度、优化实践效果评价标准等措施，成功打造了一批高水平的教育实践平台。例如，学校与多家企业和行业建立了紧密的合作关系，共同建设了实验室、实践基地、创新创业中心等设施，为研究生提供了优质的实践资源。同时，学校还注重培养研究生的实践能力和创新意识，开设了多门实践课程和创新创业课程，提高了研究生的综合素质和竞争力。

在具体实践中，学校注重发挥导师的作用。学校鼓励导师带领研究生参与科研项目和企业合作，提高研究生的实践能力和创新意识。同时，学校还建立了科学的导师考核机制，对导师的指导质量和成果进行评价和激励。这些措施有效地激发了导师和研究生的积极性和创造性，推动了教育实践平台的不断创新和发展。

专业学位研究生教育综合改革有利于推进教育实践平台建设。高校应加强对研究生培养模式的理论研究和实践经验的总结，为我国研究生教育的健康、持续、快速发展提供有力的理论支撑和实践指导。只有这样才能培养出更多符合社会需求的高层次人才，为国家的发展提供有力的人才保障。

除此之外，我们还应看到，教育实践平台的建设不仅是一个教育问题，更是一个社会问题。它需要我们全社会的共同参与和努力。我们需要打破传统观念的束缚，勇于创新，大胆实践，不断探索出适合我国国情的研究生教育实践平台建设之路。同时，我们还应加强对研究生教育实践平台的宣传和推广，提高社会对研究生教育实践平台的认知度和认可度，为研究生教育实践平台的健康、持续、快速发展营造良好的社会氛围。

（四）有利于推进课程教学改革

学校当前专业学位研究生课程教学体系仍存在“课程设置与人才培养目标‘两张皮’”“课程内容不能及时响应人才培养的知识更新速度”“课程设置模块化特色不明显”等问题，通过专业学位研究生教育综合改革项目的实施带动课程教学改革，通过专业学位类别层面的课程体现人才培养特色，通过领域层面的课程体现专业素养。进一步强化课程教学团队建设，完善课程的教授负责制，由责任教授负责课程的总体设计和目标定位，引领课程改革方向；教学团队成员不仅包括校内授课导师，还应该有行业授课导师，确保团队的知识结构、年龄结构、学缘结构合理，团队成员分工协作，共同制定授课内容，及时开展课程研讨，及时更新知识结构，及时吸收学科行业领域的前沿知识。创新教学方式方法，在学校层面制定课程改革办法，鼓励课程团队成员积极申报校级教学改革项目，积极推广取得的教学改革、方法创新的成果，突出特色，持续建设，建立一批校级研究生优质课程，同时为申报省级、国家级优质课程培育后备力量。加大专业学位研究生类别层面的精品在线课程建设力度，推进优质资源共享，加强顶层设计，制定学校层面的在线课程建设办法和相应的奖励标准。积极推进课程考核方式改革，改变单一的考核方式，建立形式新颖多样、涵盖课程学习全过程的多角度全方位的考核办法。进一步加强课程思政建设，围绕立德树人根本任务，持续加强课程思政建设，推进课程思政与思政课程同向同行、同频共振，加强规划设计，强化统筹推进，开展教育思想大讨论，坚持以社会主义核心价值观培元固本，充分发挥课程教学在思想政治教育中的主渠道作用。全面推进课程思政建设，推动思想引领、能力培养及知识传授的有机结合，把更能体现“家国情怀、法治意识、社会责任、文化自信、人文情怀、工程伦理、工匠精神”等与社会主义核心价值观相关元素的“触点”和“融点”落实到课程专业核心能力培养上，切实强化价值引领。

随着时代的快速发展和科技进步的日新月异，研究生教育作为培养高层次人才的重要途径，其课程教学改革显得尤为重要。特别是在专业学位研究生教育中，课程教学体系的完善与否直接关系到人才培养的质量。学校当前专业学位研究生课程教学体系虽然已有一定的基础，但仍存在一些亟待解决的问题。通过专业学位研究生教育综合改革项目的实施，我们有望推动课程教学改革向更深层次发展，为培养更多优秀人才奠定坚实基础。

首先，针对“课程设置与人才培养目标‘两张皮’”的问题，我们需要通过专业学位研究生教育综合改革来强化课程与人才培养目标之间的关联。课程设置应该紧紧围绕人才培养目标来展开，确保每一门课程都能为研究生的专业素养和综合能力提升作出贡献。同时，我们还需要根据行业领域的发展动态和人才需求，及时调整课程设置，确保课程内容的前沿性和实用性。

其次，针对“课程内容不能及时响应人才培养的知识更新速度”的问题，我们需要通过专业学位研究生教育综合改革来推动课程内容的持续更新。一方面，我们可以引入行业领域的最新研究成果和实践经验，将其融入课程内容中，确保研究生能够接触到最前沿的知识和技术。另一方面，我们还可以加强与国际一流大学的合作与交流，引进国际先进的课程资源和教学理念，提升学校课程教学的国际化水平。

最后，针对“课程设置模块化特色不明显”的问题，我们需要通过专业学位研究生教育综合改革来推动课程设置的模块化改革。模块化课程设置可以更好地体现专业素养和人才培养特色，同时也方便研究生根据自己的兴趣和职业规划选择相应的课程模块。在模块化课程设置中，我们还可以引入更多的选修课程和实践课程，为研究生提供更加多样化的学习体验和实践机会。

为了推动课程教学改革向更深层次发展，我们还需要进一步强化课程教学团队建设，学校应该为课程教学团队提供必要的支持和保障，如提供教学经费、改善教学条件、组织教学培训等，确保课程教学团队能够顺利开展工作并取得良好成效。

创新教学方式方法也是推动课程教学改革的重要手段之一。在学校层面制定课程改革办法，鼓励课程团队成员积极申报校级教学改革项目，积极推广取得的教学改革、方法创新的成果。我们可以引入更多的现代教学手段和技术，如在线教育、混合式教学、翻转课堂等，为研究生提供更加便捷、高效的学习方式。同时，我们还可以加强与国际一流大学的合作与交流，引进国际先进的教学理念和教学方法，提升学校课程教学的国际化水平。

在推进课程考核方式改革方面，我们应该改变单一的考核方式，建立形式新颖多样、涵盖课程学习全过程的多角度、全方位的考核办法。除传统的笔试和面试外，我们还可以引入更多的实践考核、作品考核等方式，全面评价研究生的知识掌握情况、实践应用能力和创新思维能力。同时，我们还应该注重过程考核和形成性评价，鼓励研究生在课程学习过程中积极参与讨论、提交作业、完成小组任务等，将课程学习与考核过程有机结合起来。

进一步加强课程思政建设也是推动课程教学改革的重要内容之一。我们应该深入挖掘各类课程中的思政元素和育人功能，将价值引领、能力培养、知识传授有机结合起来。同时，我们还应该注重课程思政的实效性和针对性，结合研究生的思想实际和成长需求，开展形式多样的思政教育活动，引导研究生树立正确的世界观、人生观和价值观。

通过专业学位研究生教育综合改革项目的实施带动课程教学改革是学校提升专业学位研究生教育质量的重要途径之一。我们应该从课程设置、教学内容、教学方式方法、考核方式以及课程思政建设等方面入手，推动学校课程教学改革向更深层次发展，为培养更多优秀人才奠定坚实基础。同时，我们还应该注重总结经验教训，不断完善和优化课程教学改革方案，确保改革成果能够真正惠及广大研究生。

（五）有利于导师队伍建设

根据专业学位研究生培养的需要，深化改革导师遴选制度，下放导师遴选权，将导师新增遴选与年度师生互选上岗和招生等工作相结合。由各学院根据年度实际报到注册专业学位研究生人数，以及教师的师德表现、科研项目、经费等情况，自主决定本学院年度指导硕士研究生的教师及其招生名额，强化岗位责任意识，淡化导师资格身份；对新上岗的导师，进行研究生教育国家政策、法规、学校相关制度、研究生指导方法、研究生管理等方面的培训。同时，加强导师考核工作，切实提高导师指导研究生的能力和水平，确保专业学位研究生培养质量。在研究生培养的价值导向上，更加注重专业学位研究生职业训练和创新能力提升，重视对专业学位研究生实践能力的培养。

随着研究生教育的不断发展和深化，导师在研究生培养中的角色越来越重要。导师不仅是研究生学术研究的指导者，更是研究生思想品德、职业素养和创新能力的引领者。因此，加强导师队伍建设，提高导师的指导能力和水平，对于提升专业学位研究生教育质量具有重要意义。

首先，通过教育综合改革，我们可以深化改革导师遴选制度。这一改革措施有利于激发学院的办学活力和导师的责任感。这样可以更好地根据学院的实际情况和导师的条件来确定导师的招生名额，避免了“一刀切”

的现象，更加符合学院的办学特色和导师的学术方向。

在导师遴选过程中，我们还应该注重导师的师德表现和学术水平。师德是导师的灵魂，是导师育人的根本。一个具有高尚师德的导师，不仅能够以身作则，为研究生树立良好的榜样，还能够用心关爱研究生，为研究生的成长提供有力的支持。因此，在导师遴选过程中，我们应该把师德表现作为重要的评价指标之一，确保选出的导师具有高尚的师德和良好的学术声誉。

其次，加强导师培训是提高导师指导能力和水平的重要途径。对新上岗的导师进行研究生教育国家政策法规、学校相关制度、研究生指导方法、研究生管理等方面的培训是非常有必要的。通过培训，可以帮助新导师更好地了解研究生教育的相关政策法规和学校的制度要求，掌握研究生指导的基本方法和技巧，提高研究生管理的能力和水平。同时，还可以组织导师之间的经验交流和研讨活动，让导师之间相互学习、相互借鉴，共同进步。

在加强导师培训的同时，我们还应该注重导师的考核工作。考核是激励导师积极进取、不断提高的重要手段。我们应该建立科学合理的考核指标体系，对导师的师德表现、指导能力、学术水平等方面进行全面客观的评价。对于考核优秀的导师应该给予适当的奖励并授予荣誉称号；对于考核不合格的导师应该及时予以警告并责令其进行整改；对于严重违反师德师风的导师应该坚决予以解聘或取消其招生资格。考核机制的建立和实施，可以激励导师不断提升自己的指导能力和学术水平，为研究生的成长提供更好的支持。

除了加强导师培训和考核，我们还应该注重导师队伍的梯队建设。导师队伍的梯队建设是保持导师队伍活力和持续发展的重要保障。我们应该根据学院和学科的实际情况制定合理的导师队伍发展规划和梯队建设计划。通过引进高水平人才、培养青年教师、选拔优秀博士后等方式不断充实导师队伍的后备力量；通过老中青结合、传帮带等方式促进导师之间的交流与合作；通过实施青年导师培养计划和学术带头人培养计划等措施提高青年导师的学术水平和指导能力；通过设立特聘教授岗位、柔性引进高层次人才等方式吸引海内外优秀人才加盟学校导师队伍。

在加强导师队伍建设的过程中，我们还应该注重发挥导师在研究生培养中的主导作用。导师是研究生培养的第一责任人，应该全面负责研究生的学术指导、思想引领和职业规划等工作。我们应该尊重导师在研究生培养中的主体地位和主导作用，为导师提供充分的支持和保障；同时，加强对导师的监督和管理，确保导师认真履行职责、遵守规章制度、维护研究生权益。对于违反研究生培养规定和师德师风要求的导师应该及时予以处理或解聘。

（六）有利于加强研究生教育管理信息化平台建设

当前学校研究生教育管理信息化平台建设情况相对落后，研究生招生、培养、学位、日常管理、毕业、就业和学科建设之间的信息流动不畅，大量宝贵的人力资源投入数据统计、报表制作等繁杂的重复性工作中，不仅效率低，而且出错率高。近年来，学生的个人信息、学位信息登记上报时事故频发，给管理人员、学生本人和学校声誉带来了较大的负面影响。通过专业学位研究生教育综合改革项目的实施，高效的机制、科学的模式和有效的质量监控急需流畅的管理平台作为支撑。因此，通过专业学位研究生教育综合改革倒逼学校研究生教育管理信息化平台建设，以学校研究生培养质量全面提升为核心，以研究生教育管理全面信息化为目标，在学校现有硕士研究生培养条件的基础上，构建完备的研究生信息化建设平台，促进学校研究生教育管理水平整体提升、研究生和导师的获得感普遍增强、影响力显著扩大、管理水平再上新台阶。从而全面提升学校服务国家战略和河南经济社会发展能力，为中原崛起、河南振兴提供更多的高层次人才支撑。

随着信息技术的迅猛发展，信息化已成为各行各业提升管理效率、优化资源配置、提高服务质量的重要手段。对于高校研究生教育而言，管理信息化平台的建设同样具有深远的意义。然而，当前学校在研究生教育管理信息化平台建设方面相对滞后，已无法满足日益复杂、精细化的管理需求，亟待通过综合改革来加以推进。

1. 学校研究生教育管理信息化平台建设的现状与挑战

目前，学校研究生教育管理信息化平台在招生、培养、学位、日常管理、毕业、就业和学科建设等多个环节存在“信息孤岛”现象，各环节之间的数据流通不畅，导致管理人员需要花费大量时间和精力进行数据统计、报表制作等重复性工作。这种状况不仅效率低下，而且容易出错，严重影响了研究生教育管理的科学性和规范性。

近年来，随着研究生招生规模的扩大和培养要求的提高，研究生教育管理的复杂性和精细化程度也不断提升。然而，学校现有的研究生教育管理信息化平台已无法适应这一变化，学生在个人信息、学位信息登记上报时事故频发，不仅给管理人员和学生本人带来了极大的困扰，也对学校的声誉造成了不良影响。

2. 专业学位研究生教育综合改革对管理信息化平台建设的推动作用

专业学位研究生教育综合改革的实施将为学校研究生教育管理信息化平台建设提供有力的支撑。首先，综合改革将促进学校对研究生教育管理信息化平台建设的投入，包括资金、人力、物力等方面的支持，为平台的建设提供坚实的保障。其次，综合改革将推动学校对研究生教育管理流程进行优化和重构，以适应信息化平台的建设需求，提高管理效率和服务质量。最后，综合改革将促进学校与国内外高校、科研机构和企业等的合作与交流，引进先进的管理理念和技术手段，推动学校研究生教育管理信息化平台的建设水平不断提升。

3. 加强研究生教育管理信息化平台建设的措施与建议

为了加强研究生教育管理信息化平台建设，学校应采取以下措施与建议。

（1）制定科学合理的建设规划。学校应根据研究生教育管理的实际需求和发展趋势，制定科学合理的信息化平台建设规划，明确建设目标、任务和时间表，确保平台建设的顺利进行。

（2）加强组织领导与协调配合。学校应成立专门的研究生教育管理信息化平台建设领导小组和工作小组，明确各部门的职责和任务分工，加强组织协调和配合协作，形成工作合力。

（3）加大资金投入与保障力度。学校应加大对研究生教育管理信息化平台建设的资金投入力度，确保平台建设所需的硬件、软件和网络等基础设施的完善与更新。同时，还应加大对资金使用的监管和审计力度，确保资金使用的规范性和有效性。

（4）推进数据共享与整合工作。学校应打破“信息孤岛”现象，推进各部门之间的数据共享与整合工作，实现研究生招生、培养、学位、日常管理、毕业、就业和学科建设等各环节的数据互通与共享。这将有助于减少重复性工作、提高工作效率、降低出错率，并为管理决策提供科学依据。

（5）加强系统开发与维护工作。学校应加强对研究生教育管理信息化平台的系统开发与维护工作，确保系统的稳定性、安全性和易用性。同时，还应根据用户需求和使用反馈，不断完善系统功能和优化用户体验，提高系统的实用性和满意度。

（6）加强培训与推广工作。学校应加强对管理人员、导师和学生的培训与推广工作，提高他们的信息素养和操作技能，使他们能够更好地使用信息化平台进行研究生教育管理工作。这将有助于提升学校研究生教育管理的整体水平和竞争力。

加强研究生教育管理信息化平台建设是学校研究生教育综合改革的重要内容之一，也是提高研究生教育管理效率和服务质量的重要手段。通过制定科学合理的建设规划、加强组织领导与协调配合、加大资金投入与保障力度、推进数据共享与整合工作、加强系统开发与维护工作以及加强培训与推广工作等措施的实施，相信学校一定能够打造出一个高效、便捷、安全的研究生教育管理信息化平台，为研究生教育事业的持续健康发展提供有力支撑。

（七）有利于提升学校的综合竞争力

研究生教育处于高校学生教育的顶端，代表了一所高校学生群体中知识创新和社会服务的先头队伍，具有活跃的思辨能力、较高的道德水准、直接的示范作用。因此，学校研究生教育的体制机制、人才培养模式、质量监控体系、教育管理水平等对本校其他层级的教育具有鲜明的引领作用。同时，区域经济社会发展对人才的需求也会先体现到研究生群体上来，高校研究生在数量和质量上满足区域经济建设和社会发展需要的程度与社会对高校人才培养的评价正相关。从这个意义上讲，高校的教育水平和人才培养质量在很大程度上取决于研究生教育的发展水平和质量，研究生教育的水平和质量直接体现在高校学科建设、科研水平、师资队伍建设、服务社会等方面的综合竞争力上。因此，大力推进研究生教育综合改革，通过改革在纵向和横向两个维度上进一步凝练人才培养特色，为当前研究生教育把脉问诊，梳理不足，找准瓶颈，进一步明确人才培养目标、规范人才培养过程、构建质量监控体系；巩固研究生教育践行社会主义核心价值观作用，以德树人、以德立人、以德育人、以德化人，突出创新，不断提高对研究生教育重要性的认识，充分利用研究生教育高地，以培养更多合格的社会主义事业建设者来带动高校的综合竞争力提升和各项事业发展。

随着知识经济时代的到来，人才资源已成为国家和社会发展的第一资源，而研究生教育作为人才培养的最高层次，对于提升国家创新能力和竞争力具有举足轻重的作用。高校作为研究生教育的主要阵地，其研究生教育的水平和质量直接体现了学校的综合竞争力。因此，大力推进研究生教育综合改革，提升研究生教育质量，对于提升学校的综合竞争力具有重要意义。

第一，研究生教育综合改革有利于突出人才培养特色，提升人才培养质量。通过改革，可以进一步明确人才培养目标，规范人才培养过程，构建质量监控体系，从而培养出更多具有创新精神和实践能力的高素质人才。这些人才不仅能够在学术领域取得突出成就，还能够将所学知识应用于实际工作中，为社会经济发展作出积极贡献。同时，改革还有利于巩固研究生教育践行社会主义核心价值观的作用，以德树人、以德立人、以德育人、以德化人，培养出德才兼备的优秀人才。

第二，研究生教育综合改革有利于提升学校的学科建设水平。学科建设是高校发展的核心，研究生教育则是学科建设的重要支撑。通过改革，可以优化学科结构，凝练学科方向，突出学科特色，从而提升学科的整体水平。同时，改革还可以促进学科交叉融合，推动新兴学科的发展，为学校的学科建设注入新的活力。

第三，研究生教育综合改革有利于提升学校的科研水平。科研是高校的重要职能之一，也是研究生教育的重要组成部分。通过改革，可以优化科研资源配置，提高科研效率和质量，从而产出更多具有原创性和影响力的科研成果。这些成果不仅可以提升学校的学术声誉和影响力，还可以为国家和地方的经济社会发展提供有力支撑。

第四，研究生教育综合改革有利于提升学校的师资队伍建设水平。师资队伍是高校发展的关键因素之一，而研究生教育是师资队伍建设的重要途径。通过改革，可以吸引和培养更多优秀的研究生导师，提高导师队伍的整体素质和能力水平。同时，改革还可以促进导师之间的交流与合作，形成良好的学术氛围和团队精神，为学校的师资队伍建设注入新的活力。

第五，研究生教育综合改革有利于提升学校服务社会的能力。服务社会是高校的重要使命之一，也是研究生教育的重要目标之一。通过改革，可以更好地对接国家和地方的经济社会发展需求，培养出更多符合社会需要的高素质人才。同时，改革还可以促进“产学研”合作和科技成果转化，推动科技创新和产业升级，为国家和地方的经济社会发展作出积极贡献。

大力推进研究生教育综合改革对于提升学校的综合竞争力具有重要意义。通过改革可以在突出人才培养特色、提升学科建设水平、提高科研水平、加强师资队伍建设以及提升服务社会能力等方面取得显著成效。因此，高校应该高度重视研究生教育综合改革工作，加大组织领导和政策支持力度，确保改革取得实效并推动学校各项事业持续健康发展。

在未来的发展中，高校还需要不断探索和创新研究生教育综合改革的路径和模式。例如，可以借鉴国际先进经验和做法，结合我国实际情况和高校自身特点进行本土化改造和创新；可以加强与政府、企业和社会各界的合作与交流，共同构建“产学研用”协同创新机制；可以利用现代信息技术手段推动研究生教育管理模式创新；等等。这些措施的实施可以进一步推动研究生教育综合改革向纵深发展并取得更加显著的成效。

同时，高校还需要注重研究生教育综合改革的持续性和长效性。研究生教育综合改革是一项长期而艰巨的任务，需要持续投入和不断推进才能取得实效。因此，高校需要建立健全相关制度和机制，确保改革工作的持续性和长效性；需要加强对改革成果的评估和反馈，及时总结经验教训并不断完善和改进；需要注重培养广大师生的改革意识和创新精神，形成全员参与、共同推进的良好局面。

大力推进研究生教育综合改革是提升学校综合竞争力的重要途径之一。在未来的发展中，高校需要不断探索和创新改革路径与模式，注重改革的持续性和长效性，为推动我国高等教育事业持续健康发展作出积极贡献。同时，高校还需要加强与国内外其他高校的交流与合作，共同分享研究生教育综合改革的经验和成果，推动全球高等教育事业的进步与发展。

第二章

“148”专业学位研究生教育综合改革框架分析

第一节　专业学位研究生教育综合改革框架确定

早在 2013 年，教育部、国家发展改革委、财政部就发布了《关于深化研究生教育改革的意见》，我国正逐步建立研究生教育规模、结构、布局与经济社会发展相适应的动态调整机制，基本稳定学术学位授予单位和学位授权学科总体规模，建立学科动态调整机制。通过该文件我们可以窥探出研究生教育改革的基本内容，主要体现在研究生招生制度改革、研究生培养模式改革、导师管理制度改革、质量评价机制等几个方面。近年来，由于国际国内形势风云变幻，新时代对专业学位研究生教育提出了更高的要求，需要专业学位研究生在强国建设中发挥更大的作用。因此，在汲取以往改革经验的基础上，进一步拓展改革的深度、广度和关联度，找准制约研究生质量提升的关键卡点和核心要素，在综合改革的“综合”上下功夫，厘清专业学位研究生教育各要素、相关主体和基本过程的联系和区别，通过“综合”达到以问题为导向、以改革为动力、以质量为遵循的专业学位研究生教育局面。

研究生的培养质量是生命线，研究生教育的突出特点是通过“研究”来培养人才，要始终把研究水平作为衡量研究生素质和培养质量的重要指标。一般来说，研究生的培养质量的核心含义是具有较高的思想政治素养，即政治敏锐性、政治判断力和政治坚定性；具有较高的理论素养，即具有创新精神和创新思维，具有独立分析问题的能力；具有较好的道德素养，学会关心和服务他人；具有较好的心理素质，即健全的心智；具有攻坚克难的钢铁般意志。高质量人才培养是国家进步和民族振兴的需求，同时也是高校必须扛起的光荣使命，作为地方“双特”建设高校，河南财经政法大学一直在人才培养方面追求卓越。因此，在推动专业学位研究生综合改革中，河南财经政法大学将以全面提升学校专业学位研究生培养质量和响应人才需求为根本目标。在实现根本目标时，以深化专业学位研究生培养机制改革、创新专业学位研究生培养模式、构建专业学位研究生培养质量保障体系和加强研究生教育管理信息化平台建设等四项工作为抓手，在研究生培养的机制模式、质量保障和信息化平台建设等方面持续优化当前工作。具体包括八项举措，即强化招生机制改革，招生复试分类考核，切实提高研究生生源质量；加强课程建设，加大课程思政建设力度，努力提高课程对研究生培养的贡献力；坚持分类培养，多段考核，及时分流，形成多元多目标的人才培养格局；建立健全权责机制，完善动态调整机制，切实提升导师育人能力；推进学风建设，加强学术道德教育，营造浓厚的学术氛围；加强质量监督体系建设，建立动态调整的考核评估机制，推进建立校内评估和校外监督评价机制；深化开放合作，努力提升校内外合作活跃度，提高专业学位研究生教育水平；建立以培养质量为导向的资源配置机制，整合盘活校内外资源，全力促进研究生成长成才，推进学校研究生教育进一步发展。构建一个目标、四个抓手、八项举措的专业学位研究生综合改革“148”方案。

随着我国经济社会的快速发展和全球化趋势的不断加剧，研究生教育作为高层次人才培养的主渠道，其质量和效率对于国家和地方的发展具有越来越重要的意义。特别是在当前，我国正处于实现中华民族伟大复兴的关键时期，急需大量具有创新精神、实践能力和国际视野的高素质人才。因此，深化研究生教育综合改革，提高研究生培养质量，已成为高等教育领域的重要任务。

河南财经政法大学作为地方“双特”建设高校，在研究生教育方面一直追求卓越，致力于为国家和社会培养合格的高级应用型人才。然而，学校也清醒地认识到，在当前的研究生教育中，仍存在一些亟待解决的问题，如人才培养目标与市场需求不匹配、培养模式单一、职业素养和创新能力培养不足等。这些问题严重制约了研究生教育质量的提升，也影响了学校研究生教育的社会声誉和竞争力。

为了破解这些难题，学校在深入调研、广泛征求意见的基础上，提出了专业学位研究生教育综合改革的“148”方案。这一方案以全面提升专业学位研究生培养质量和响应人才需求为根本目标，通过四大抓手和八项举措，旨在构建具有学校特色的专业学位研究生教育体系，为国家和地方经济社会发展提供有力的人才支撑。

在实现根本目标的过程中，学校将注重以下几个方面的改革：一是深化培养机制改革，通过完善招生制度、优化培养过程、加强导师队伍建设等措施，提高研究生的生源质量和培养效益；二是创新培养模式，打破传统单一的学术型培养模式，探索产教融合、校企合作等多元化培养模式，提升研究生的职业素养和创新能力；三是构建质量保障体系，通过建立完善的质量监控和评估机制，对研究生培养全过程进行动态管理和持续改进，确保研究生培养质量稳步提升；四是加强信息化平台建设，利用现代信息技术手段，实现研究生教育管理的信息化、智能化和便捷化，提高管理效率和服务水平。

在实施八项举措方面，学校将重点做好以下几个方面的工作：一是强化招生机制改革，通过完善招生复试考核办法，提高研究生的选拔质量和生源水平；二是加强课程建设，优化课程体系结构，更新教学内容和方法，提高课程对研究生培养的贡献度；三是坚持分类培养，根据不同类型的专业学位研究生特点和社会需求，制订个性化的培养方案和培养计划，形成多元化、多目标的人才培养格局；四是建立健全权责机制，明确导师和研究生的权利和义务，完善导师遴选、考核和激励机制，提升导师的育人能力和责任意识；五是推进学风建设，加强学术道德教育和诚信体系建设，营造浓厚的学术氛围并保持严谨的科研态度；六是加强质量监督体系建设，建立完善的质量监控和评估机制，对研究生培养全过程进行动态管理和持续改进；七是深化开放合作，积极拓展校内外合作渠道和资源，提升研究生教育的国际化水平和社会影响力；八是建立以培养质量为导向的资源配置机制，优化资源配置方式和管理办法，确保各项改革举措的顺利实施和取得实效。

“148”方案的实施将有力推动学校专业学位研究生教育的综合改革和创新发展，提高研究生培养质量和效益，为国家和地方经济社会发展培养更多合格的高级应用型人才。同时，将进一步提升学校研究生教育的社会声誉和竞争力，为学校整体发展注入新的活力和动力。

第二节　专业学位研究生教育综合改革的必要性和可行性

为进一步汇聚专业学位研究生教育综合改革各方力量，河南财经政法大学多次召开综合改革推进会议，进一步明确改革的紧迫性、必要性和可行性，强化改革共识、细化改革路径、落实改革举措、营造改革氛围。

一、综合改革的必要性

研究生教育作为高等教育体系中的最高层次，肩负着培养高层次创新型人才、推动科技进步和社会发展的重要使命。然而，随着时代的发展和社会的进步，研究生教育面临诸多新的挑战和问题，迫切需要进行综合改革。本章将详细阐述研究生教育综合改革的必要性，以期为我国研究生教育的改革与发展提供理论支撑和实践指导。

（一）适应经济社会发展的必然要求

经济社会的发展对高层次人才的需求越来越迫切，对人才的素质和能力也提出了更高的要求。研究生教育作为培养高层次人才的重要途径，必须紧密对接经济社会发展的需求，不断调整和优化培养目标、培养模式和培养内容。通过综合改革，研究生教育可以更好地适应经济社会发展的新要求，培养出更多具有创新精神和实践能力的高层次人才，为我国经济社会的发展提供有力的人才保障和智力支持。

（二）提高研究生培养质量的必由之路

研究生培养质量是研究生教育的生命线，直接关系到研究生的未来发展和社会对研究生教育的认可度。然而，当前研究生培养质量参差不齐，存在诸多问题，如培养目标不明确、培养模式单一、课程设置不合理、导师指导不力等。这些问题严重制约了研究生培养质量的提升，必须通过综合改革加以解决。通过深化专业学位研究生培养机制改革、创新专业学位研究生培养模式、构建专业学位研究生培养质量保障体系等措施，可以提高研究生培养质量，培养出更多具有国际竞争力的高层次创新型人才。

（三）推动高等教育内涵式发展的必然选择

高等教育内涵式发展是我国高等教育发展的重要战略方向，旨在提高高等教育的质量和效益。研究生教育作为高等教育的重要组成部分，其发展水平直接影响到高等教育的整体质量和效益。通过综合改革，可以推动研究生教育向内涵式发展转变，实现由规模扩张向质量提升的转变。这不仅可以提高研究生教育的整体水平和国际竞争力，还可以为高等教育的内涵式发展提供有力的支撑和引领。

（四）应对全球化挑战的重要举措

全球化背景下，国际竞争日趋激烈，人才竞争成为国家竞争的核心。研究生教育作为培养高层次人才的重要途径，必须积极应对全球化的挑战，加强与国际高水平大学的合作与交流，引进先进的教育理念和教育模式，提高研究生的国际竞争力。通过综合改革，可以推动研究生教育的国际化进程，培养出更多具有国际视野和跨文化交流能力的高层次人才，为我国在国际竞争中赢得主动权和优势地位提供有力的人才保障。

（五）解决研究生教育内部问题的迫切需要

研究生教育内部存在诸多问题，如招生制度不完善、培养模式相对单

一、课程设置不够合理、导师队伍建设滞后等。这些问题直接影响到研究生的培养质量和研究生的未来发展，必须通过综合改革加以解决。通过完善招生制度、创新培养模式、优化课程设置、加强导师队伍建设等措施，可以解决研究生教育内部存在的问题，提高研究生的培养质量和综合素质，为研究生的未来发展奠定坚实的基础。

因此，研究生教育综合改革极其重要。在未来的发展中，学校必须充分认识到研究生教育综合改革的必要性和紧迫性，积极应对挑战、把握机遇、推动改革、促进发展。同时，还要加强政策引导、加大投入力度、加强信息化建设、加强内部管理、加强国际合作与交流等，为研究生教育综合改革提供有力的保障和支持。只有这样，才能培养出更多具有国际竞争力的高层次创新型人才，为我国经济社会发展提供更加有力的人才保障和智力支持。

在未来的研究生教育综合改革中，学校还需要特别关注以下几个方面的问题：一是要坚持以学生为本的教育理念，尊重研究生的主体地位和个性差异；二是要加强导师队伍建设和管理机制创新；三是要加强与国际高水平大学的合作与交流；四是要加强教育信息化建设和提升管理水平；五是要加强教育质量监控和评估体系建设。相信通过全面深入地推进研究生教育综合改革，可以培养出更多具有国际竞争力的高层次创新型人才。同时，也将推动我国高等教育事业迈向新的更高水平的发展阶段。

二、综合改革的可行性

研究生教育作为培养国家高层次人才的关键环节，其综合改革的可行性直接关乎我国教育强国战略的实施效果。在全球教育变革的大背景下，结合我国经济社会的实际需求以及研究生教育自身的发展规律，对研究生教育进行综合改革不仅必要，而且切实可行。

（一）政策环境的支持

近年来，我国政府对教育领域的改革给予了前所未有的重视，出台了一系列旨在提高教育质量、促进教育公平的政策措施，为研究生教育综合改革提供了有力的保障和支持。例如，《中共中央、国务院关于深化教育改革全面推进素质教育的决定》，以及关于加快发展专业学位研究生教育的意见等，都为研究生教育的改革指明了方向，提供了政策依据。

（二）经济基础的保障

随着我国经济的持续快速发展，国家对教育的投入逐年增加，为研究生教育的改革奠定了坚实的经济基础。一方面，国家可以通过设立专项资金、提供财政补贴等方式，支持研究生教育的改革与发展；另一方面，社会各界也可以通过捐赠、设立奖学金等方式，参与和支持研究生教育的改革。

（三）科技进步的推动

现代科技的飞速发展，特别是信息技术、人工智能等领域的突破性进展，为研究生教育的改革提供了有力的技术支撑。例如，通过利用大数据、云计算等技术，可以实现对研究生培养过程的精准管理；通过在线课程、虚拟实验室等教学方式，可以打破时空限制，提高研究生教育的灵活性和效率。

（四）国际经验的借鉴

在全球范围内，许多发达国家和地区在研究生教育方面积累了丰富的经验，形成了各具特色的教育模式。通过加强国际合作与交流，学校可以学习借鉴这些国家和地区的成功经验，避免在改革过程中走弯路，提高改革的效率和效果。

（五）社会需求的引导

随着经济社会的发展，我国对高层次人才的需求越来越迫切，对人才的素质和能力也提出了更高的要求。这种社会需求的变化，为研究生教育的改革提供了动力和方向。通过调整培养目标、优化课程设置、创新培养模式等方式，可以使研究生教育更好地适应经济社会的发展需求，培养出更多符合社会需求的高层次人才。

（六）高校自身的努力

作为研究生教育的实施主体，高校在推动研究生教育综合改革方面发挥着关键作用。近年来，许多高校在研究生教育方面进行了积极探索和尝试，积累了丰富的改革经验。同时，高校还拥有一支高水平的师资队伍和一批先进的教学科研设施，为研究生教育的改革提供了有力的人才保障和物质支持。

此外，高校还需要特别注意以下几个方面的问题：一是要处理好改革与发展的关系，确保改革与发展相互促进、相得益彰；二是要处理好局部与全局的关系，确保各项改革措施相互协调、形成合力；三是要处理好当前与长远的关系，确保改革既满足当前的需要，又符合长远的发展规划。只有处理好这些关系，才能确保研究生教育综合改革的顺利进行和取得实效。

在未来的发展中，高校还应继续关注和研究研究生教育的新情况、新问题和新趋势，不断调整和完善改革策略和措施，以适应经济社会发展的新需求和新挑战。同时，还应加强与国际社会的交流与合作，共同推动全球研究生教育的改革与发展。相信通过这些努力，可以为我国研究生教育的改革与发展开辟更加广阔的道路和前景。

第三节　专业学位研究生教育综合改革的影响因素分析

研究生教育作为高等教育的重要组成部分，其发展水平直接关系到国家的科技创新能力和人才培养质量。近年来，随着我国高等教育的快速发展，研究生教育也面临着诸多挑战和机遇。为了推动研究生教育的全面发展，提高研究生培养质量，我国启动了“148”专业学位研究生教育综合改革方案。本节将对研究生教育综合改革的影响因素进行深入分析，以期为改革的顺利推进提供有益参考。

一、影响因素分析

（一）政策因素的影响

政策因素是研究生教育综合改革的重要推动力。近年来，国家和地方政府陆续出台了一系列关于研究生教育的政策和规划，为研究生教育的改革提供了明确的指导方向。例如，国家层面提出了“双一流”建设、创新驱动发展战略等，要求高校加强研究生教育，提高研究生培养质量。地方政府也根据自身发展需要，制定了相应的研究生教育政策，以推动本地区研究生教育的快速发展。这些政策的出台和实施，为研究生教育综合改革提供了有力的政策保障。

（二）经济因素的影响

经济因素是研究生教育综合改革的物质基础。随着我国经济的持续快速发展，国家和社会对高层次人才的需求不断增长。研究生教育作为培养高层次人才的重要途径，其发展水平直接关系到国家的竞争力。因此，国家和地方政府加大了对研究生教育的投入力度，提高了研究生的奖学金和助学金标准，改善了研究生的学习和生活条件。这些经济因素的改善，为研究生教育综合改革提供了必要的物质保障。

（三）社会因素的影响

社会因素是研究生教育综合改革的重要外部环境。随着社会的不断进步和发展，人们对教育的需求也在不断变化。研究生教育作为高等教育的重要组成部分，其培养目标、培养方式等也需要与时俱进。同时，社会对研究生的期望值也在不断提高，要求研究生具备更高的综合素质和更强的创新能力。这些社会因素的变化，对研究生教育综合改革提出了新的要求和挑战。

（四）技术因素的影响

技术因素是研究生教育综合改革的重要支撑。随着信息技术的快速发展，教育信息化已成为教育发展的重要趋势。研究生教育作为高等教育的重要组成部分，也需要加强信息化建设，提高教学效率和管理水平。例如，利用信息技术构建研究生教育管理信息系统，实现研究生招生、培养、管理等环节的信息化、网络化，可以提高研究生教育的管理效率和服务水平。同时，利用信息技术开展远程教育和在线教育，可以打破时空限制，为研究生提供更广阔的学习空间和更灵活的学习方式。这些技术因素的发展和应用，为研究生教育综合改革提供了有力的技术支撑。

（五）教育内部因素的影响

教育内部因素是研究生教育综合改革的直接动因。研究生教育作为高等教育的重要组成部分，其自身也存在诸多问题和挑战。例如，研究生招生制度不够完善、培养模式相对单一、课程设置不够合理、导师队伍建设滞后等。这些问题直接影响到研究生的培养质量和研究生的未来发展。因此，高校需要加强研究生教育的内部改革，如完善招生制度、创新培养模式、优化课程设置、加强导师队伍建设等，以提高研究生的培养质量和综合素质。这些教育内部因素的改革和完善，是研究生教育综合改革的重要内容和目标。

（六）国际因素的影响

随着全球化进程的加速和国际竞争的加剧，国际因素对研究生教育综合改革的影响也日益显著。国际高等教育的发展趋势、先进的教育理念和教育模式、国际合作与交流等都为研究生教育综合改革提供了重要的借鉴和参考。例如，通过与国际高水平大学开展合作与交流，可以引进先进的教育理念和教育模式，提高研究生的培养质量和国际竞争力；通过参与国际高等教育评估和认证，可以推动高校加强内部管理和教学质量监控，提高研究生教育的整体水平。因此，国际因素也是研究生教育综合改革不可忽视的重要方面。

综上所述，研究生教育综合改革受到政策因素、经济因素、社会因素、技术因素、教育内部因素以及国际因素等多方面的影响。这些因素相互关联、相互作用，共同构成了研究生教育综合改革的复杂环境。在未来的发展中，高校应充分认识这些影响因素的作用和意义，积极应对挑战、把握机遇、推动改革、促进发展。同时，政府、社会、企业等各方也应加强合作与交流，形成合力，共同推动研究生教育的全面发展和质量提升。

二、影响因素内在联系

在深入分析研究生教育综合改革的影响因素时，我们不难发现，这些因素不仅相互独立，而且相互交织、相互影响，共同构成了一个错综复杂的改革环境。

政策因素作为改革的先导，为研究生教育综合改革指明了方向。然而，政策的制定和实施往往受到经济、社会等多方面因素的制约。经济因素决定了政府对研究生教育的投入力度，社会因素反映了公众对研究生教育的期望和需求。因此，在制定研究生教育政策时，必须充分考虑经济和社会因素的实际影响，确保政策的科学性和可行性。

技术因素作为研究生教育综合改革的重要支撑，为改革提供了强大的技术保障。随着信息技术的快速发展，研究生教育的教学手段和管理方式都发生了深刻的变化。利用信息技术，我们可以构建高效的研究生教育管理平台，实现研究生培养过程的信息化、网络化管理，提高管理效率和服务水平。同时，信息技术还为研究生提供了更加广阔的学习空间和更加灵活的学习方式，有力地促进了研究生的全面发展。

教育内部因素作为研究生教育综合改革的直接动因，对改革的成败起着决定性的作用。高校作为研究生教育的实施主体，必须加强自身建设，完善内部管理机制，提高教育教学质量。具体来说，高校要完善研究生招生制度，确保招生的公平性和公正性；要创新研究生培养模式，注重培养研究生的创新精神和实践能力；要加强导师队伍建设，提高导师的学术水平和指导能力；要加强课程建设，优化课程体系结构；要加强学风建设，营造良好的学术氛围等。只有这样，才能确保研究生教育综合改革的顺利推进和取得实效。

国际因素作为研究生教育综合改革的重要参考，为改革提供了宝贵的经验和借鉴。在全球化背景下，研究生教育必须面向世界、面向未来，积极引进国际先进的教育理念和教育模式，提高研究生的国际竞争力。同时，还要加强与国际高水平大学的合作与交流，共同推动研究生教育的创新与发展。

研究生教育综合改革受到多方面因素的影响和制约。为了确保改革的顺利推进和取得实效，我们必须充分认识这些影响因素的作用和意义，积极应对挑战、把握机遇、推动改革、促进发展。同时，还要加强政策引导、加大投入力度、加强信息化建设、加强内部管理、加强国际合作与交流等，为研究生教育综合改革提供有力的保障和支持。

在未来的发展中，我们还需要继续关注研究生教育综合改革的新情况、新问题和新挑战，不断完善改革策略和措施，推动研究生教育持续健康发展。

第三章

“148”专业学位研究生教育综合改革基础

第一节　学校人才培养基本情况分析

一、研究生教育基本情况

河南财经政法大学作为一所以经济学、法学和管理学为主干优势学科的高等学府，在研究生培养方面一直秉持着严谨、务实的态度，致力于为国家和社会培养高素质、创新型的高层次人才。在全球化和信息化的大背景下，学校紧密结合时代需求，不断优化研究生培养模式，提升培养质量，形成了具有自身特色的研究生教育体系。

（一）研究生培养的基本情况

河南财经政法大学的研究生教育始于 20 世纪 90 年代，经过多年的发展，已形成了硕士、博士两个层次，涵盖经济学、法学、管理学等多个学科门类的完整培养体系。学校拥有一支高水平的师资队伍，其中包括一批享受国务院政府特殊津贴的专家、省级教学名师和优秀青年骨干教师。在研究生培养过程中，学校注重理论与实践相结合，强调培养学生的创新能力和实践能力。

（二）研究生培养的主要模式

学校在研究生培养上采取了多种模式，以适应不同学科和专业的特点。其中，导师负责制是最为重要的培养模式之一。学校为每个研究生配备了具有丰富教学和研究经验的导师，负责指导学生的课程学习、论文写作和科研工作。此外，学校还积极推行“产学研”结合的培养模式，与企业、政府部门等合作建立实践基地，为学生提供实践机会和就业渠道。

（三）研究生培养的质量保障

学校高度重视研究生培养质量，建立了一套完善的质量保障体系。首先，学校严格把控招生环节，确保录取的学生具备扎实的学术基础和较大的研究潜力。其次，在培养过程中，学校加强了对研究生课程学习和科研工作的监督和指导，确保学生能够在规定时间内完成培养任务。最后，在毕业环节，学校对研究生的毕业论文进行严格审核和答辩，确保论文质量和学术水平达到要求。

（四）研究生培养的特色与创新

学校在研究生培养上注重特色与创新。首先，学校紧密结合经济社会发展的实际需求，调整和优化研究生培养方案，使培养的人才更加符合市场需求。其次，学校加强了对研究生创新能力和实践能力的培养，鼓励学生参与科研项目和社会实践活动，提高学生的综合素质和竞争力。最后，学校还积极推行国际化战略，与国外高水平大学开展合作与交流，为研究生提供更广阔的学术视野和更多的国际交流机会。

（五）研究生培养的成效与展望

经过多年的努力，学校在研究生培养方面取得了显著成效。学校培养的研究生不仅在学术领域取得了丰硕的成果，在社会各界也获得了广泛的认可和好评。学校将继续深化研究生教育综合改革，创新培养模式，提高培养质量，为国家和社会培养更多优秀的高层次人才。

学校将进一步优化研究生培养方案，加强课程体系建设和教学方法改革，提高研究生的学术水平和创新能力。同时，学校还将加强导师队伍建设和管理机制创新，提高导师的指导水平和责任意识。此外，学校还将加强与国际高水平大学的合作与交流。通过这些措施的实施，相信学校的研究生教育将迈入新的更高水平的发展阶段。

学校在研究生培养方面一直秉持着严谨、务实的态度，致力于为国家和社会培养高素质、创新型的高层次人才。在未来的发展中，学校将继续深化研究生教育综合改革，创新培养模式，提高培养质量，为我国经济社会发展提供更加有力的人才保障和智力支持。

（六）研究生培养的深度与广度拓展

在研究生培养的深度上，学校不仅注重学术理论的研究，更加强调学术与实践的紧密结合。学校鼓励研究生积极参与各种社会实践活动，如法律咨询、经济调研、企业实习等，通过这些活动，研究生能够将所学理论知识应用于实际工作中，提升自己的职业素养和解决问题的能力。

在广度上，学校致力于拓宽研究生的学术视野。除了传统的课堂教学，学校还定期邀请国内外知名学者、专家来校举办讲座、召开研讨会，为研究生提供与学术前沿接轨的机会。此外，学校还大力支持研究生参加国际学术会议、交流访问等活动，以增进他们对国际学术动态的了解。

（七）研究生培养的个性化与多元化发展

学校充分认识到每个研究生都是独一无二的个体，具有不同的兴趣、特长和发展潜力。因此，在培养过程中，学校注重因材施教，鼓励研究生根据自己的兴趣和职业规划选择研究方向和课程。导师在指导过程中也充分尊重研究生的个性和选择，提供定制化的指导和支持。

同时，学校还注重培养研究生的多元化能力。在经济全球化、社会信息化的今天，单一的专业技能已无法满足社会的多元需求。学校通过开设跨学科课程、举办多元文化活动等途径，培养研究生的跨学科思维、团队协作、沟通等非技术性能力，以使其更好地适应未来社会的多元挑战。

（八）研究生培养的社会责任感与伦理道德教育

学校在研究生培养中始终强调社会责任感的培养。学校通过课程教学、实践活动等多种形式，引导研究生关注社会热点问题，理解并承担自己作为高层次人才所应肩负的社会责任。此外，学校还注重加强研究生的伦理道德教育，培养他们的职业道德素养和诚信意识。

（九）研究生培养的持续改进与动态调整

学校深知研究生培养是一个持续改进、动态调整的过程。学校定期对研究生培养方案、课程设置、教学方法等进行评估和反思，根据时代发展和市场需求及时调整培养策略。同时，学校还建立了完善的研究生培养质量反馈机制，通过毕业生跟踪调查、用人单位反馈等途径收集培养质量信息，为后续的改进提供数据支持。

学校在研究生培养方面做了大量卓有成效的工作。通过不断优化培养模式、提升培养质量、拓宽培养视野、注重个性化和多元化发展、强化社会责任感和伦理道德教育以及持续改进和动态调整培养策略等措施的实施，学校已为国家和社会培养了大批高素质、创新型的高层次人才。学校将继续秉承“严谨、务实”的态度，推动研究生教育不断迈上新的更高水平的发展阶段。

二、学校学科建设基本情况

河南财经政法大学作为河南省重点支持建设的特色骨干大学之一以及河南省博士学位授予重点立项建设单位，经过多年的融合发展，形成了以经、管、法为主，文、哲、理、工、艺术多学科并存的协调发展格局，基本建立起具有较强特色、与河南省经济社会发展需要相适应的学科体系。目前，学校学科建设主要围绕应用经济学、现代服务业学科群两个河南省特色骨干学科（群）和第九批河南省重点学科，实施学科融合发展方略，以重大学术问题和应用课题为纽带，搭建多学科交叉平台和跨学院研究平台，促进学科建设不断取得新成绩。

以全面推进新文科建设为引领，注重需求导向、问题导向和目标导向，全力做强申博学科、特色骨干学科（群），努力做优省重点学科，着力扶持基础学科，大力培育新兴交叉学科，显著增强主干学科的综合实力并带动学科整体实力提升，构建高峰凸显的学科高原。

（一）调整优化学科布局结构

面向世界科技前沿和国家重大需求，以服务国家重大战略为导向，探索新文科建设模式和发展方向，以“统筹兼顾、共建共享”为原则，加强学科建设顶层设计，凝练学科方向，凸显学科特色，不断调整优化学科布局结构，形成“优势突出、特色鲜明、相互支撑、协同发展”的具有良好学科生态的学科体系。加强一级学科的系统化、集成化建设，充分考虑各学院所辖学科的关联性和建设要素的重叠性，支持学院之间结对共建一级学科，以一级学科为核心调整学院设置。支持对接符合国家战略、产业急需的新兴和交叉学科组建新型学院。探索推进学科创新引智基地建设。

（二）统筹各类学科协调发展

遵循学科建设的内在逻辑，充分考虑各学科现有基础与发展潜力，明确各类学科发展定位，进一步实施学科的分类规划、分层建设、分步发展，进一步做强应用经济学、工商管理、现代服务业学科群、法学等特色骨干学科（群），做优哲学、理论经济学、马克思主义理论、地理学、计算机科学与技术、城乡规划学、管理科学与工程、农林经济管理等省重点学科，加大社会学、中国语言文学、外国语言文学、新闻传播学、艺术学、数学、公共管理等基础学科的支持力度，培育新兴交叉学科，引导支持各学科瞄准坐标系、找准发力点，实施相关行动计划，努力形成优势特色学科争创一流、省重点学科力争上游、基础学科不断增强、新兴交叉学科加速成长的多学科协调发展新格局。

（三）强化申博学科建设

紧扣获批博士学位授予单位的目标，明确申博学科建设的目标、路径和配套措施，进一步凝练、深化特色研究方向，实施高层次领军人才引进和培养计划，面向国内外聘任优秀的学科带头人、青年学术骨干，打造若干结构合理、各具特色、学术造诣高的卓越学科团队。以学科团队建设为核心，以重点科研平台为依托，以重大理论问题为导向，响应国家和地方重大需求，组织跨学科研究团队冲击国家级重大重点项目，催生一批有影响力的标志性、原创性研究成果，打造学术创新的核心竞争力，助推学校博士学位授予单位申报，探索推进专业博士点建设。

（四）推动学科之间交叉融合

面向新科技革命和产业变革，贯彻文文互鉴、文理交叉、文工融合的新文科建设理念，加强经济学、管理学、法学等主干优势学科之间的交叉融合，围绕主干优势学科组建、打造特色学科群。推动哲学、社会学、马克思主义理论、中国语言文学、外国语言文学、新闻传播学、数学、地理学、计算机科学与技术、城乡规划学、艺术学等学科与主干优势学科的融合发展，形成新的前沿学科方向，培育新兴学科和交叉学科。加强能源经济、金融数学、电子商务及法律、商务英语等交叉专业建设，抓住新增交叉融合专业的契机，开展跨学科人才培养和科学研究，加强学科交叉融合平台建设。

（五）创新学科建设体制机制

深入推进学科建设体制机制改革，健全校、院（系）两级学科建设管理体制。发挥学校学术委员会和高层次人才的学科战略咨询作用。确立学院作为学科建设的主体地位，形成院（系）和学科自我发展的动力机制。探索一级学科集成化建设机制，试点建立一级学科建设委员会，赋予一级学科带头人更多职能与权力，探索跨院（系）共建一级学科的体制机制。

组织各一级学科参加教育部学科评估，提升学科影响力和竞争力。在二级学科中落实学科带头人制度，明确学科建设责任，提升二级学科对一级学科建设的贡献度。完善学科交叉融合建设机制，健全现代服务业学科群建设机制。健全学科分类评估体系，加强绩效分析和目标考核，健全学科资源与建设绩效相挂钩的竞争性资源配置机制。

（六）完成“双特”建设成效自评工作

按照河南省教育厅、省发展改革委、省财政厅发布的《关于开展河南省特色骨干大学和特色骨干学科2021年度建设成效评价工作的通知》（教高〔2022〕229号）要求，学校完成了对2021年“特色骨干大学”和“特色骨干学科（群）”建设成效相关材料的上报工作。主要围绕全面加强党的领导、提高人才培养质量、打造一流师资队伍、提升科研创新水平、强化社会服务能力、传承创新优秀文化、完善内部治理结构、提升学科影响力竞争力等方面，分别对照《河南省特色骨干大学建设规划》《河南省特色骨干学科（群）建设规划》，重点对学校以及应用经济学、现代服务业学科群在评价周期内的规划实施情况、建设目标和任务完成情况、学科水平、资金管理使用情况等进行评价，深入挖掘建设过程中取得的阶段性、标志性成果。

（七）开展第九批河南省重点学科终期验收工作

根据河南省教育厅办公室发布的《关于对第九批河南省重点学科进行终期验收的通知》（教办研〔2022〕358号）要求，为进一步加强河南省重点学科建设过程管理、检验建设成效、夯实后续建设基础，对学校12个第九批河南省重点学科进行终期验收工作。主要围绕推进重点学科建设和改革的得力措施与成功经验、学科建设目前存在的主要问题、对省重点学科建设的意见建议等，对学校的省级重点学科的建设工作进行全面总结。

（八）持续推进二级学科日常管理工作

学校新增目录外二级学科——纪检监察学，开展对新增学科的论证、专家评议工作，并在二级学科自主设置信息平台上完成公示以及备案等相关工作。同时，完成二级学科日常动态管理工作，包括备案或撤销的自主设置目录外二级学科和交叉学科的核对情况等。

三、全校学位授权点基本情况

研究生教育作为国民教育体系的顶端，肩负着高层次人才培养和创新创造的重要使命，是应对全球人才竞争的基础布局，是实施创新驱动发展战略和建设创新型国家的重要基石，也是学校“特色骨干大学”建设的重要支撑。党的十八大以来，学校认真贯彻落实国务院学位委员会和教育部有关文件精神，以“遵循立德树人根本任务，突出特色，服务需求，提高质量，追求卓越”为工作主线，以“深入推进培养模式改革，不断完善质量保障体系”为抓手，坚持“优进、优育、高水平、国际化”的工作方针，推动内涵式发展，质量意识和发展水平不断提升，各项改革成效显著。

河南财经政法大学于 1993 年获批硕士学位授予单位，1995 年开始招收硕士研究生。学校现有理论经济学、应用经济学、管理科学与工程、工商管理、农林经济管理、法学、哲学、地理学、马克思主义理论、计算机科学与技术、城乡规划学、系统科学 12 个硕士学位授权一级学科；有金融、应用统计、税务、国际商务、资产评估、法律、农业、工商管理、公共管理、会计、审计、新闻与传播、社会工作、工程管理（含物流工程与管理）、体育、翻译、旅游管理、艺术 18 个硕士专业学位授权类别。本书项目基于经济管理类专业学位授权类别开展，其中经济类专业学位授权类别有金融、应用统计、税务、国际商务、资产评估、审计共 6 个，管理类专业学位授权类别有工商管理、公共管理、会计、工程管理（含物流工程与管理）和旅游管理共 5 个。

经过 30 余年的发展，学校由最初的 1 个商业经济硕士学位授权点发展到12个硕士学位授权一级学科，18个硕士专业学位授权类别，形成了以经、管、法为主，哲学、文学、农学、工学、理学协调发展的学科体系。具体如表3-1、表3-2所示。

表3-1 河南财经政法大学现有学术型硕士学位授权点分布情况

一级学科	获批时间	二级学科	招生起始年份
哲学（0101）	2011年3月	马克思主义哲学	2007
		伦理学	2004
理论经济学（0201）	2006年1月	政治经济学	2004
		经济思想史	2007
		经济史	2009
		西方经济学	2008
		世界经济	2004
		人口、资源与环境经济学	2008
应用经济学（0202）	2006年1月	国民经济学	2004
		区域经济学	2007
		财政学	2007
		金融学	2004
		产业经济学	1999
		国际贸易学	2007
		劳动经济学	2004
		统计学	2002
		数量经济学	2007
		公共经济与管理	2013
		传媒经济学	2014
法学（0301）	2011年3月	法学理论	2019
		法律史	2017
		宪法学与行政法学	2017
		刑法学	2007
		民商法学	2007
		诉讼法学	2013
		经济法学	2007
		环境与资源保护法学	2017
		社会工作与社会政策	2013

续表

一级学科	获批时间	二级学科	招生起始年份
马克思主义理论（0305）	2018年3月	马克思主义基本原理	2007
		思想政治教育	2007
地理学（0705）	2011年3月	人文地理学	2007
		地图学与地理信息系统	2013
		经济地理学	2014
系统科学（0711）	2021年11月	系统科学	
计算机科学与技术（0812）	2018年3月	计算机科学与技术	2007
城乡规划学（0833）	2018年3月	城乡规划学	2019
管理科学与工程（1201）	2006年1月	管理科学与工程	2002
		房地产开发与建设管理	2013
		信息管理与信息系统	2013
工商管理（1202）	2006年1月	会计学	1999
		企业管理	1999
		旅游管理	2007
		技术经济及管理	2004
		市场营销学	2013
		电子商务	2013
农林经济管理（1203）	2011年3月	农林经济管理	1999

资料来源：河南财经政法大学研究生处。

表 3-2　河南财经政法大学现有专业学位硕士授权类别分布情况

类别	获批时间	具体领域	招生起始年份
*金融（0251）	2010年9月		2011
*应用统计（0252）	2010年9月		2012
*税务（0253）	2014年3月		2015
*国际商务（0254）	2010年9月		2011

续表

类别	获批时间	具体领域	招生起始年份
*资产评估（0256）	2010 年 9 月		2011
*审计（0257）	2018 年 3 月		2019
法律（0351）	2014 年 3 月	法律（非法学）	2015
		法律（法学）	2015
社会工作（0352）	2018 年 3 月		2019
新闻与传播（0552）	2018 年 3 月		2019
农业（0951）	2010 年 9 月	农业管理	2012
		农村发展	2013
*工商管理（1251）	2003 年 6 月		2004
*公共管理（1252）	2014 年 3 月		2015
*会计（1253）	2010 年 9 月		2011
*工程管理（1256）	2018 年 3 月	工程管理	2019
		物流工程与管理	
体育（0452）	2021 年 11 月		
翻译（0551）	2021 年 11 月		
*旅游管理（1254）	2021 年 11 月		
艺术（1351）	2021 年 11 月	美术	

注：标记*号的专业学位类别为本项目的研究对象。

资料来源：河南财经政法大学研究生处。

四、研究生招生就业情况

河南财经政法大学自 1995 年硕士研究生开始招生以来，每年研究生招生人数增加趋势明显，特别是近年来增幅更加显著。1995 年招生人数只有 6 人，到 2004 年招生人数超过 100 人，2017 年突破 500 人，到 2020 年招生人数突破 1000 人，2023 年招生人数达到 1219 人。

经济管理类专业学位研究生增速更加明显，2023 年全日制招生人数 595 人，非全日制 112 人。在 2023 年硕士研究生报名中，共有 7706 名考生报考该校，较 2020 年增长了 13.95%。其中报考学术型硕士考生 1296 人，占报名总人数的 16.82%，报考专业学位硕士考生 6410 人，占报名总人数的83.18%。其中应届考生3234人，占报名总人数的41.97%，非应届考生4256人，占考生总人数的55.23%；应届考生中2787人来自省内各高校，占应届考生总人数的86.18%，充分说明学校作为地方高校，在长期服务地方教育事业和社会经济发展中具有较高知名度，获得了广大考生的认可。

经多轮调剂、复试后，实际待录取硕士研究生1219人，其中学术型硕士265人（含推免生2人），全日制专业学位硕士832人（含推免生1人。“退役大学生士兵”专项计划30人），其中经济管理类全日制专业学位硕士595人，非全日制专业学位硕士112人，2023年经济管理类专业学位研究生占比和增幅情况如表3-3所示。

表3-3　2023年经济管理类专业学位研究生各类型占比及增幅情况

招生类型	招生人数（人）	占总人数比例（%）	较上年增幅（%）
经管类全日制专业学位	595	48.81	1.54
经管类非全日制专业学位	112	9.19	0.00

资料来源：河南财经政法大学研究生处。

2023年，学校硕士研究生招生总体报录比为6.32。根据2023年学校硕士研究生招生录取实际情况，经济管理类专业学位研究生的报录比如表3-4所示。

表3-4　2023年经济管理类专业学位研究生的报录比

类别	具体领域	招生起始年份	报录比（报名/录取）
*金融（0251）		2011	9.32
*应用统计（0252）		2012	3.39
*税务（0253）		2015	4.46
*国际商务（0254）		2011	4.74
*资产评估（0256）		2011	3.33
*审计（0257）		2019	17.69
*工商管理（1251）		2004	6.89
*公共管理（1252）		2015	4.93

续表

类别	具体领域	招生起始年份	报录比（报名/录取）
*会计（1253）		2011	8.43
*工程管理（1256）	工程管理	2019	2.92
	物流工程与管理		5.32
*旅游管理（1254）		2023	7.00

注：标记*号的专业类别为本项目的研究对象。

资料来源：河南财经政法大学研究生处。

2023 年学校共有在校研究生 2542 人，其中全日制硕士研究生 2332 人，非全日制硕士研究生 210 人；全日制经济管理类专业学位在校研究生 1151 人，非全日制经济管理类专业学位在校研究生 210 人。

2023 年经济管理类专业学位在读研究生人数如表 3-5 所示。

表 3-5　2023 年经济管理类专业在读研究生人数统计　　单位：人

专业	2019 级及以前	21 级	22 级	23 级	分专业人数
国际商务	0	0	27	36	63
工程管理（全日制）	0	2	20	20	42
工程管理（非全日制）	0	0	0	3	3
金融	0	0	56	61	117
资产评估	0	0	5	10	15
审计	0	1	37	39	77
会计（全日制）	0	0	138	128	266
会计（非全日制）	0	0	12	18	30
公共管理	1	0	0	16	17
旅游管理	0	2	2	2	6
应用统计	0	0	50	49	99
税务	0	0	41	50	91
物流工程与管理	0	0	33	39	72
工商管理（全日制）	15	6	132	133	286
工商管理（非全日制）	13	6	75	83	177

资料来源：河南财经政法大学研究生处。

以 2023 年为例，2023 年 6 月学校共授予硕士学位 940 人，包括全日制学术型硕士 219 人，全日制专业学位硕士 705 人（其中经济管理类专业学位硕士 513 人），非全日制专业学位硕士 5 人，同等学力 11 人。2023 年硕士学位授予情况如表 3-6 所示，全日制经济管理类专业学位授予情况如表 3-7 所示，非全日制经济管理类专业学位授予情况如表 3-8 所示。

表 3-6　2023 年 6 月硕士学位授予情况

单位：人

分类	硕士学位
全日制学术型学位	219
全日制专业学位	705
非全日制专业学位	5
同等学力	11
总计	940

资料来源：河南财经政法大学研究生处。

表 3-7　2023 年 6 月全日制经济管理类专业学位授予情况

单位：人

类别	合计
金融	51
应用统计	50
税务	41
国际商务	27
资产评估	5
审计	37
工商管理	114
公共管理	0
会计	135
工程管理	21
物流工程与管理	32

资料来源：河南财经政法大学研究生处。

表 3-8　2023 年 6 月非全日制经济管理类专业学位授予情况　　单位：人

类别	合计	备注
工商管理	5	非全日制专业学位非定向硕士

资料来源：河南财经政法大学研究生处。

以 2022 届毕业研究生为例，就业研究生人数为 733 人，地区流向主要集中在河南省，在河南省就业的人数为 608 人，占就业人数的 82.95%，反映了毕业研究生就业区域集中度较高。

各类企业是学校毕业研究生就业主阵地，其中在其他企业就业人数为 673 人，占就业人数的 91.81%，其他企业是指除国有企业和三资企业之外的所有企业；在其他事业单位 20 人，地方基层项目 20 人，部队为 20 人；占比均为 2.73%。

就业行业主要分布在：金融业，租赁和商务服务业，教育，公共管理、社会保障和社会组织，建筑业，信息传输、软件和信息技术服务业等行业。在金融业就业人数有 181 人，占总人数的 24.69%。具体行业分布情况如图 3-1 所示。

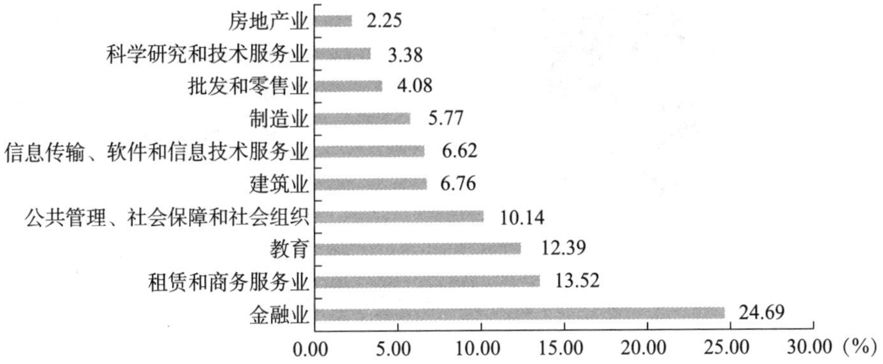

图 3-1　2022 届毕业研究生就业行业分布情况

五、研究生导师情况

目前有校内外研究生导师共计 728 人。校内导师共 455 人，占导师总人数的 62.5%，校外导师 273 人，占 37.5%（见图 3-2）。校内研究生导师的平均年龄为 50 岁，年龄最小的 31 岁，55~59 岁的研究生导师共 108 人，占校内导师总人数的 23.74%，45 岁以下的导师约占 30.11%，60 岁以上的导师占 13.19%。研究生导师队伍规模及类型分布如图 3-3 所示。

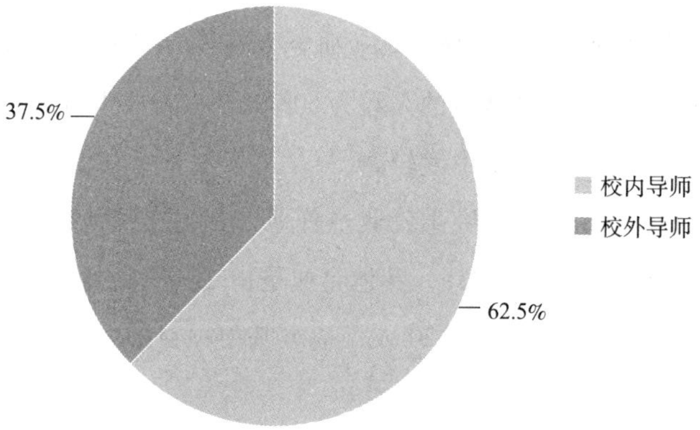

图 3-2　校内外导师比例结构

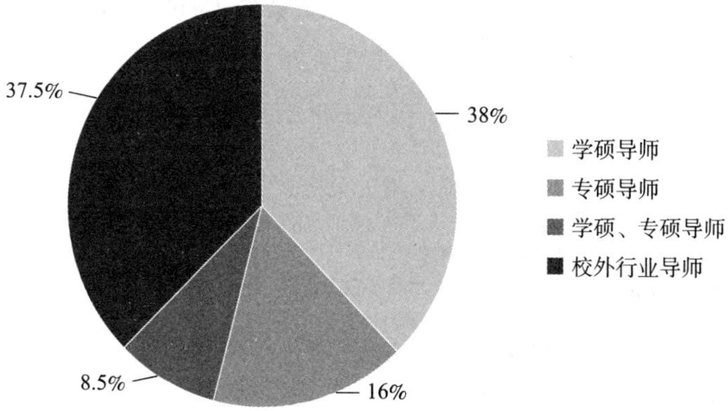

图 3-3　研究生导师规模及类型分布

校内导师队伍不断优化，职称结构更加合理，呈梯次分明、优势互补的发展态势。其中博士学历 271 人，占校内导师总人数的 59.56%，硕士学历及其他占 40.44%；正高级职称 238 人，占校内导师总人数的 52.31%，副高级职称 182 人，占 40%，中级职称 35 人，占 7.7%。

第二节 研究生培养制度及执行情况

一、课程建设与实施情况

课程是高等学校教书育人的基础，是立德树人的主战场。河南财经政法大学高度重视研究生课程建设，始终将课程建设作为培养研究生创新意识、创新能力的基础性环节抓牢、抓好。整合各类教育资源，积极探索在课程建设中实现价值塑造、知识传授和能力培养融为一体的人才培养模式。根据教育部和学校相关文件精神，将学术学位研究生课程分为公共基础课、一级学科专业基础课、专业必修课、专业选修课、跨学科选修课和实践课程六大类；专业学位研究生课程体系原则上按照教育部教指委的指导性课程体系进行统筹安排，并按照人才培养需要实施校内校外双导师授课模式。学校持续实施研究生重点课程建设项目，分批次、多类别专项资助了公共基础系列、专业学位系列、学科核心系列等课程建设，取得了明显成效。

（一）不断加强课程体系建设

学校严格按照人才培养方案制定课程教学大纲，坚持“分类指导、示范带动、创建精品、强化效能”的课程建设思路，按照经济学、管理学、法学等不同的学科门类，最大限度统一了一级学科基础课的开设，为人才培养打下坚实基础，同时根据二级学科特点设置不同的课程模块以体现专业特色。

学校在研究生课程建设工作中倡导理论联系实际，能及时把学科最新教学科研成果引入教学，综合运用多种教学方法，讲授与研讨相结合，有效使用现代教育技术手段，重视各类课程资源更新与利用，激发研究生学习兴趣，不断提高教学效果。2022 年共立项“系统工程”等河南省研究生优质课程项目 4 项，如表 3-9 所示。

表 3-9　2022 年河南省研究生优质课程项目立项名单

项目批准号	项目建设学校名称	课程项目名称	项目负责人
HNYJS2018KC39	河南财经政法大学	系统工程	肖会敏
HNYJS2020KC29	河南财经政法大学	法律文书写作	赵朝琴
HNYJS2020KC30	河南财经政法大学	金融统计分析	喻军
HNYJS2018KC38	河南财经政法大学	犯罪论	臧冬斌

资料来源：河南财经政法大学 2022 年度学位与研究生质量报告。

学校高度重视课程思政工作，将思想政治教育元素融入课程教学的全过程，鼓励教师采用新的教学方法与手段，取得了课程思政建设新成效。学校重视在线课程建设，实现课程线上与线下教学有机结合；增加线上对研究生的重点难点指导、丰富在线作业、试题库、课程教学录像、国内外文献资料及相关资源链接等反映研究生教学活动必需的资源，提升支撑线下授课的能力和水平。

（二）重视教材及案例库建设

学校坚持出版教材必须具有正确的政治方向和价值导向，全面落实课程思政要求，适应新时代经济社会发展对高层次人才培养需求，凸显学科特点与发展前沿，反映研究生教学改革最新成果，有良好的通用性，适合研究生学习特点。

为贯彻《教育部关于加强专业学位研究生案例教学和联合培养基地建设的意见》（教研〔2015〕1 号）精神，学校高度重视专业学位教学案例开发与案例教学实践工作，根据专业发展需求不断完善研究生教学案例库。倡导案例以实际行业企业为原型，以通过实地调研、访谈得到的第一手材料为基础材料，案例内容阐述客观真实，并得到涉及行业企业的认可。2022 年共立项“金融市场与金融机构”等专业学位研究生精品教学案例项目 6 项，如表 3-10 所示。

表 3-10 2022 年专业学位研究生精品教学案例项目立项名单

项目批准号	项目合作单位名称	关联课程名称	依托专业学位类别名称
YJS2021AL092	中国建设银行股份有限公司郑州自贸区分行	金融市场与金融机构	金融
YJS2021AL093	河南君友商务咨询有限公司	统计数据分析方法	应用统计
YJS2021AL094	河南德邻物业服务有限公司	中国税制	税务
YJS2021AL095	河南天基律师事务所	法理学	法律
YJS2021AL096	河南华隆股权投资基金管理有限公司	财务会计理论与实务	会计
YJS2021AL097	三全食品股份有限公司	管理会计理论与实务	会计

（三）重视研究生联合培养基地建设

在研究生规模持续增长的同时，充分利用地方政府、企业科研实践平台、场地、企业导师等优质社会教育资源，对外拓展，建设产教融合研究生联合培养基地，构建研究生专业实践体系，拓展各项专业技能训练活动。依托地方政府、重点行业企业工程项目，开展产教融合研究生校企联合培养，提高研究生创新实践和技术攻关的能力，推进专业学位培养模式改革。加强国家级和省级研究生联合培养基地建设，突出特色，提升水平。依托学校各级异地研究院，建设研究生联合培养基地，推进专业学位研究生校企联合培养。依托国家重点行业企业，建设特定领域方向专业学位研究生联合培养基地，设置专业学位人才培养专项，开展研究生联合培养活动。加强各级、各类研究生实习实践基地建设，打造全方位研究生专业实践体系，积极探索产教融合和“产学研用”深度融合的发展道路。基地合作单位重视基地建设，用于培养研究生的大型科研设备充足，为基地研究生培养创造良好的培养条件。构建与合作单位稳固的合作关系，签订合作协议，制订明确的基地项目建设方案。

（四）持续优化研究生培养方案

学校全面贯彻落实全国教育大会、全国研究生教育会议精神，坚定走内涵式发展道路，以立德树人、提高质量、追求卓越为主线，以服务国家重大战略、关键领域和社会重大需求为动力，加强研究生思想政治教育，促进研究生德智体美劳全面发展，提高研究生的知识创新和实践创新能力，全面提升学校研究生的培养质量、科学研究、社会服务、文化传承创新和国际交流能力及水平。按照科学规范、前后延续、适度前瞻、因材施教和德才并重的原则，按一级学科（类别）制订培养方案，坚持体现分类培养要求。对研究生的毕业学分要求、课程教学、学位论文等关键环节加强督导和质量监控，学校2022版研究生人才培养方案修（制）订工作已完成，并从2022级学生开始实行。

2022版培养方案增设“德育教育”课程，着力提高硕士研究生思想政治素质、强化德育工作；提升专业学位研究生教育质量，将专业学位研究生的学制由2年改为3年，并全面落实专业学位研究生培养改革的各项工作标准和要求；有针对性地进行研究生实践能力培养改革，开展形式多样的专业实践和社会实践活动，定期举办各类科技大奖赛、研究生文化节等系列活动，成立科研与实践相结合的学生科技活动团体，提高研究生科研能力和创新能力，新修（制）订的研究生培养方案要求硕士研究生必须参加学术活动、学术报告、科研实践、专业实践和社会实践等实践环节。

持续深化学校产教融合专业学位研究生培养模式改革成果，采取“以行业企业需求为导向，以产学合作项目为依托，以研究生联合培养基地为平台的项目制培养模式”，以国家重点行业企业和区域经济社会发展需求为导向，修订专业学位研究生培养方案，实施校企双师指导，加大案例课程和校企联合课程的开设力度，加强专业实践体系建设，提升产教融合联合培养基地建设的水平和层次，有效汇聚优质社会资源，拓展办学空间，校内校外多方协同共建人才培养新体系。

积极推动研究生分类培养，探索实践专业学位培养模式改革路径，形成了以行业企业人才需求为导向，突出案例教学，依托联合培养基地，采用“项目制”的产教融合研究生联合培养模式。为进一步推进专业学位培养模式改革，提升水平，形成规模效应，全面修订研究生培养方案，打破

“学科方向近，学院划分细”造成的人才培养壁垒，以学科和领域方向为依托，统筹设计培养方案，推动课程共享，跨学院、跨学科、联合企业多师指导，注重服务社会需求，顺应学科发展规律，突出学科领域特色，尊重人才个性需求，从体制机制上促进交叉型、复合型高层次人才脱颖而出。专业学位研究生培养方案强调以企业需求为导向，产教融合实践育人；学术学位研究生培养方案强调以重大科研为依托，科教融合科研育人。突破唯论文的学位成果形式，软件、硬件、专利、行业标准、产品等均可认定为学位成果。

二、导师遴选培训情况

研究生导师肩负着培养高层次创新人才的使命与重任。研究生导师的道德素养、学术水平、创新意识、创新能力、指导能力和工作作风，直接影响研究生的培养质量和研究生的未来成长。根据《河南财经政法大学研究生指导教师管理办法》，导师岗位设置坚持总量控制、按需设岗、结构优化动态管理。

导师遴选着眼于学科建设的长远发展目标，适应学科结构调整的需要，重点发展、支持特色、优势方向和新兴、交叉方向。研究生导师的选聘与岗位考核工作遵循学科建设和学术发展的规律，在确保研究生导师队伍相对稳定的同时，建立科学的研究生导师动态管理机制，不断提升研究生导师水平，改善和优化研究生导师队伍结构。

导师遴选遵循坚持标准、程序公开、按需遴选、保证质量的原则。注重遴选学术水平高、发展潜力大的青年教师和业务素质高、实践能力强的企业骨干担任导师，不断优化导师队伍结构，提高导师队伍整体质量。从学校研究生培养、学科建设的全局出发，统筹考虑本单位各学科生源、就业和生师比及发展现状与发展规划等情况，科学有序地开展遴选工作。根据学校规定的遴选条件，对导师年龄、职称、科研、教学、思想政治、实践等方面的条件要求进行严格审核。按照个人申请、培养单位学位评定分委员会初选、学校学位评定委员会会议评定的程序进行。

根据《河南财经政法大学全面落实研究生导师立德树人职责实施细则》，学校启动构建形式多样的校院两级导师培训体系。导师培训体系由新增导师岗前培训、学校专题培训和学院常规培训三种类型构成。重点加强研究生导师职责、指导技能、研究生教育政策等内容的培训，建立研究生导师之间的交流与合作平台。

按照“总量控制、适应发展、适度调整”的原则，以有利于提高研究生科研和实践能力、坚持科研产出和学术成果为导向，定期进行研究生导师的业务培训，制订和实施导师指导能力提升计划，通过举办培训讲座、研讨会、学术沙龙等多种活动，引导导师将科研能力转化为指导能力，不断增进对研究生培养的认识和理解，持续在课程设置、科学研究、实习实践、学位论文和就业指导等方面进行综合改革。积极搭建跨学科业务学习交流平台，促进不同学科间导师的经验交流。设立微信群及微信公众号，促进导师信息沟通和思想交流。同时，定期举办线下交流活动，并实时共享各类专家讲座、学术论坛等信息，为不同学科之间交叉融合及研究生培养经验交流互鉴提供平台支撑。

三、师德师风建设情况

根据《河南财经政法大学全面落实研究生导师立德树人职责实施细则》和《河南财经政法大学研究生指导教师管理办法》，落实导师是研究生培养第一责任人的要求，坚持社会主义办学方向，坚持教书和育人相统一，坚持言传和身教相统一，坚持潜心问道和关注社会相统一，坚持学术自由和学术规范相统一，以德立身、以德立学、以德施教。

（一）注重思想引领，提升师德师风建设实效

导师的言行对研究生的成长具有重要的引导作用，对研究生价值观的形成具有重要影响。坚持用习近平新时代中国特色社会主义思想、社会主义核心价值体系教育和引导教师队伍，不断提升思政教育的系统化；注重发挥实践育人作用，开展红色足迹探访活动，讲好红色故事，传承红色基

因。党的二十大后，通过多种形式推动教师学习党的二十大精神。引导教师坚定正确的政治立场，坚定正确的政治信念，切实提升教师师德素养。大力开展师德师风教育，把学习师德规范作为新遴选教师培训的重要内容，采取多种形式帮助导师全面理解和准确把握，做到人人应知应做、必知必做，真正把教书育人和自我修养结合起来，时刻自重、自省、自警、自励，自觉做以德立身、以德立学、以德施教、以德育德的楷模。

（二）注重典型宣传，营造尊师重教良好风尚

把培育良好师德作为校园文化建设的核心内容，开展优秀导师评比、宣讲、展示等活动，引导广大导师潜心治学治教。充分利用教师节、开学季、毕业季、校庆日等集中宣传优秀教师典型，引领教师学习红色精神，营造风清气正的师德师风氛围。大力宣传师德师风，激发广大教师教书育人的责任感和使命感。开展师德师风先进典型的评选活动，持续营造比学赶超、争先创优、见贤思齐的师德师风建设氛围。持续加强师德师风先进典型的宣传推介，充分发挥榜样示范的引领作用，同时注重在青年导师中发现、培养和树立典型，大力宣扬和表彰青年导师中的先进典型，使广大教师学有榜样、赶有目标。

（三）注重精神塑造，丰富师德师风建设内涵

坚持以社会主义核心价值观为引领，全面落实立德树人根本任务。通过举办师德师风培训、学习师德典型等方式，坚定导师“以德立教”的价值追求，并邀请优秀导师作报告，为导师职业理想引路。深入挖掘学校师德典型，讲好身边典型故事，用身边的事教育身边的人，将师德从外在的行为规范逐步内化为教师自身的价值追求。开展“优秀教师”“优秀德育工作者”等评选活动，定期表彰奖励师德师风高尚、在教书育人工作中取得突出成绩的优秀教师、育人工作先进个人。把良好师德师风表现作为各级教师评优评先、表彰奖励的前提条件，在绩效工资、职称评审、岗位聘用、评优评先等工作中，对于师德师风表现突出的教师在同等条件下优先

考虑。建立有先进人物典型事迹宣讲及报告活动的常态机制，加大对师德师风楷模等优秀教师的宣传力度。

四、学术训练情况

学校根据“厚基础、宽口径、高素质、应用型”的人才培养思路对研究生进行教学培养，建立起完整的研究生培养体系，并制订了完善的培养计划。建立以导师为主，同时由导师和指导小组全面负责的学术创新机制，鼓励研究生参加导师科研项目，合作发表论文，提高科研成果的质量和层次。不断更新教学内容，明确教学方向，创新教学方法，建立优秀教学团队，秉承教书育人的服务思想，丰富教学内容，多元化教学方法，优化课程体系，努力培养创新型高素质人才，切实推进学校研究生教育，培养研究生学术研究能力。

充分发挥导师指导研究生的主导作用，以导师指导和本学科老师集体培养相结合为原则，建立和完善有利于学术群体作用的培养机制。

制定学校硕士研究生科研项目管理办法，增强学生进行科学研究和学术探讨的兴趣和能力，培养学生创新精神和创新意识，提升人才培养质量。

加强学术道德和学术规范教育，将学术道德规范教育作为新生入学的重要一课，并将学术规范与学术道德教育渗透到课程教学、课外实践、论文撰写等各个教学环节。

发挥研究生的主动性、自觉性，根据课程特点灵活采用启发式、研讨式等多种教学方式，加强研究生的自学能力、表达能力、写作能力、实际工作能力等方面的训练和培养。

引导并鼓励学生积极参与导师的科学研究工作，通过参与科研工作，使学生学习并掌握管理科学与工程研究的基本方法和模式，具备独立从事管理科学研究的基本技能。

举办学术报告会，将外部的研究成果介绍到校内，开阔视野，打开思路，发现前沿的研究热点，同时为学生的深造引进优质资源，定期开展学术沙龙，为学生提供学术研究的各种软硬件资源，建设良好的软硬件设施。

五、学术交流情况

学校现有智库大讲堂、电商物流论坛、财税名家讲坛、博雅讲坛、群学论坛等学术交流平台，定期面向研究生举办讲座或交流活动。学校已与国内外多所知名高校和研究机构建立联系，进行学术交流、合作研究和办学。此外，为活跃学校学术气氛，繁荣学术交流，拓宽研究生学术视野，推进不同研究方向的交叉融合，学校还开展形式多样的学术交流活动；组织研究生积极参与学科领域的年会、研讨会。

六、研究生奖助情况

（一）建立健全研究生奖助体系

在全面实行研究生教育收费制度的情况下，学校根据河南省教育厅相关文件精神，修订完善了《河南财经政法大学硕士研究生学籍管理规定》《河南财经政法大学研究生奖学金评定工作办法》《河南财经政法大学研究生国家助学金管理暂行办法》等相关规定，制定了包括国家奖学金、学业奖学金、助学金、“三助”津贴补助在内的多元化研究生奖助政策。其中，国家奖学金的标准为硕士生每学年每人 20000 元，覆盖比例为 2%；学业奖学金的覆盖比例为 42%，具体奖励标准如下：一等奖为每学年每人 12000 元，二等奖为每学年每人 8000 元，三等奖为每学年每人 4000 元；助学金覆盖比例为 100%，资助标准为硕士研究生每学年每人 6000 元。

（二）严格研究生奖助工作程序

学校的研究生国家奖学金及学业奖学金评定工作开展顺利，评定工作严格按照奖学金评定工作办法进行，各项评选工作程序完全按照规定进行，实行基层民主推荐，坚决抵制随意推荐和越级推荐。以 2022 年为例，学校为研究生共计发放各类奖助学金 2002.6 万元，研究生奖助学金实行分账核算，专款专用，每月按时足额发放。

第三节　研究生党建及思想政治教育情况

一、思想政治教育队伍建设

（一）加强对思想政治教育工作队伍的领导和规划

学校党委认真贯彻执行党的教育方针，牢牢掌握意识形态工作的主导权，充分发挥领导核心作用，对研究生思想政治教育工作队伍进行统一领导和规划。建立了“党委统一领导、党政齐抓共管、职能部门组织协调、相关部处各负其责、二级单位贯彻落实”的意识形态工作机制，把举旗引路转化为明确规范、完善机制的各项政策和具体工作，确保将思想政治教育工作融入研究生的培养与日常管理的全过程。各学院根据院系具体情况由院党政负责人主管研究生思想政治教育及相关管理工作，做到日常工作不松懈、重大问题不缺位，形成上下联动、左右协同、齐抓共管的工作格局。

（二）充分发挥研究生导师在思想政治教育中的主导作用

学校坚持以习近平新时代中国特色社会主义思想为指导，学习贯彻党的二十大精神，落实研究生导师岗位管理办法，构建新聘导师岗前培训、在岗导师定期培训制度，坚持“立德树人”，强化“三全育人”，制定优秀导师表彰奖励办法，增强优秀导师的示范作用。同时，鼓励各学院根据学校相关文件精神，制定相关政策和措施，进一步强化导师的全面责任意识，积极发挥好导师在研究生思想政治教育中的骨干作用，培养研究生严谨认真的治学态度和求真务实的科学精神，促使导师对研究生的学业、思想品德及心理人格的发展切实负起相应责任。

（三）加强研究生辅导员队伍建设

按照学校相关政策，严格研究生专职辅导员选拔条件，强化辅导员育人职责，确保辅导员队伍整体素质。继续在学院逐步配备专职研究生辅导员，明确研究生辅导员在党建、思政教育、学生干部培养、实践教学、科技创新竞赛及就业指导等方面的工作内容，加强对研究生辅导员的培养和管理，继续选派研究生辅导员参加“辅导员培训班”、廉政教育、红色实践等方面的学习，鼓励和支持研究生辅导员结合工作实际开展调查研究和理论探讨，准确把握研究生的思想动态和学习生活状况，不断提高自身的理论水平，不断提升解决研究生各种思想问题和实际问题的能力。

（四）加强研究生党支部的设置

充分考虑研究生思想实际、学科特点和工作需要，各学院根据具体情况设立研究生党支部，加强对研究生党员的教育、管理、监督和服务，定期召开组织生活会，开展批评和自我批评。积极倡导研究生与教师党员联合设立党支部，发挥先锋模范作用，影响和带动广大研究生明确学习目的，完成学习和科研任务。

（五）加强研究生会骨干队伍建设

研究生会是研究生教育管理工作中的一支重要力量，学校进一步加大对研究生会工作人员的选拔和培训力度，通过举办研究生会工作人员培训班等活动，鼓励和支持研究生会组织加强自身建设。通过坚持工作人员例会制度和研究生会考核制度，不断增强研究生会的服务意识和责任意识，发挥其联系团结研究生群体的优势，提高服务水平和工作能力。

二、理想信念和社会主义核心价值观教育

理想信念教育是研究生核心价值观教育中最重要的内容和环节，是有效开展社会主义核心价值观教育的关键。为增强研究生思想政治教育的时代感、亲和力和针对性，学校在充分调研的基础上，围绕爱国主义、社会主义核心价值观、中华优秀传统文化等内容开展多种形式的研究生思想政治教育工作。通过开辟专栏普及党的理论知识、开展网上知识竞答等方式，增强思想政治教育的吸引力和感染力；依托“学习强国”“青年大学习”等新媒体学习教育平台，精心开展系列主题教育活动；采用举办演讲比赛、辩论比赛等方式，深入推进“青马工程”；组织开展学习和贯彻党的二十大精神的宣讲会、报告会以及讲座；在研究生新生中认真组织开展强化中国特色社会主义宗教理论政策的宣传教育活动，深入宣传普及马克思主义民族观和宗教观、党的民族和宗教政策以及国家的相关法律法规；鼓励研究生参加宗教知识竞赛，助力研究生综合能力的提升；开展“知行合一守初心，担当有为做先锋”活动，组织研究生党员分享考研初试经验，为考研学子贡献一份力量；推出高质量新媒体作品，如漫画、视频等，以更加丰富的形式推动学校学生工作又好又快发展，构建具有学校特色的研究生思想政治教育工作体系。

三、校园文化建设

（一）努力营造浓厚学术氛围

学校始终重视学术道德和学风建设工作，不断打造并丰富以导师、研究生为主体，以培训、宣讲报告、入学教育等系列活动为主要内容的学风建设主题活动，努力实现学风建设与诚信教育全员、全程覆盖，积极引导研究生成为优良学术道德的践行者和良好学术风气的维护者。依托各学院优秀学术资源，举办多场学术报告会，邀请资深教授、院长等学术带头

人，围绕求学经历、治学经验、学术前沿、学术规范等主题，不断激发研究生的学术研究兴趣；为加强学风建设、提高研究生的学术规范和学术道德意识，学校举办了学术不端与科研规范、学术研究与科研创新、论文撰写与选刊投稿等专题宣讲报告，为研究生同学如何正确借助中国知网数字化学习工具进行论文开题、科研创新、整理学术成果、获取学科前沿情报等提供指导性意见。

（二）多元合作、加强对外交流

为了给研究生同学提供展示交流平台，进一步对外展现学校浓厚的学术氛围以及研究生扎实的学术功底，学校积极联系兄弟院系，组织研究生骨干、优秀研究生参与多所高校举办的线下与线上学术论坛，涵盖经、管、法等多个学科，研究生在多个学术会议上担任学术主讲。

（三）组织多样文体活动

为响应国家对研究生德智体美劳全面发展的号召，丰富同学们的业余文化生活，学校组织开展多种文体活动；为进一步培育和践行社会主义核心价值观，持续提升学校研究生文明素养和校园文明程度，学校举办“文明校园行，喜迎二十大”主题活动，充分发挥广大师生参与校园文明建设的积极性，也通过组织学生们积极响应学校号召，弘扬主动投身疫情防控一线的奉献精神；为促进学生身心健康发展，培养健康的生活方式，学校体育竞赛坚持“不停练、不停训、不停赛”的运动战疫机制，举办爱心马拉松赛活动，培养研究生顽强奋斗、勇于拼搏的优良品质；为提高学校研究生的国家安全意识，增强维护国家安全的自觉性，开展了以“树牢总体国家安全观，感悟新时代国家安全成就，学习党的二十大精神”为主题的系列教育活动。

四、日常管理服务工作

（一）管理与服务工作有效实施

学校研究生管理与服务工作，实行党委研究生工作部（研究生处）、校团委、就业指导处等职能管理部门和各培养单位相互衔接、分工配合的管理与服务机制。党委研究生工作部（研究生处）是全校研究生管理工作的职能部门，负责研究生招生工作、培养及学位管理工作和统筹负责各培养单位的研究生思想政治教育、心理健康教育、奖助贷等管理工作。校团委负责研究生的团学工作，具体负责指导校研究生会开展工作。就业指导处是全校学生就业及创新创业教育管理部门，负责研究生就业指导及创新创业教育管理及服务工作。各培养单位负责制订本单位研究生培养方案，负责研究生日常授课、思想政治教育、心理健康教育、创新创业教育、就业指导、论文开题、答辩、实习实践等具体环节的实施及研究生的奖助贷、团学等日常管理工作。

（二）不断加强研究生教育管理信息化建设

为进一步提高研究生管理和服务水平，学校持续完善研究生管理信息系统建设，主要涉及研究生学籍信息管理系统、研究生学生管理系统、党员信息管理系统及助贷管理信息系统等，在研究生日常管理和教学方面全面完成管理信息化工作。

（三）做好研究生安全稳定工作

学校加强对研究生的日常安全教育，结合高发的盗窃、诈骗、交通事故、食物中毒等具体案件，对学生重点进行防盗、防诈骗、交通安全、饮食安全、人身安全等教育，明确学生人身财产安全注意事项，提升学生安全防范意识和自我安全防护能力；切实加强研究生公寓安全卫生检查和管理，针对研究生宿舍安全检查开展专项行动，对全体研究生宿舍进行了逐层、逐间、逐项的安全隐患排查治理，主要检查了是否存在违规电器，楼道是否违规堆放杂物，安全出口是否保持通畅等容易存在安全隐患的项目；为进一步增强学生的安全意识，保障学生的人身、财产等安全，组织全体研究生签订《在校生安全告知书》，要求各学院进行自查，确保在籍学生无疏漏，并对签订材料以班级或专业为单位顺序排列，妥善存档备查。

第四章

综合改革方案策略分析

第一节　综合改革目标的内涵和意义

河南财经政法大学主动适应和服务国家与区域重大发展战略需要，组织开展前瞻性科学研究，加强科教结合，以高水平科学研究带动高质量人才培养。

随着知识经济时代的到来，高层次人才的培养成为国家竞争力的重要体现。专业学位研究生教育作为培养高层次、应用型人才的重要途径，其培养质量的提升显得尤为重要。河南财经政法大学作为培养经济管理类高层次人才的重要基地，一直致力于提升专业学位研究生的培养质量。本章将从多个方面分析学校在提升专业学位研究生培养质量方面的内涵，并探讨其未来的发展方向。

一、确立综合改革目标的背景和意义

在新时代背景下，我国经济社会发展对高层次人才的需求越来越迫切，对专业学位研究生教育的要求也越来越高。然而，当前专业学位研究生教育仍存在一些问题，如培养目标不够明确、课程设置不够合理、实践环节不够充足等，导致研究生培养质量与社会需求之间存在一定的脱节。因此，确立专业学位研究生教育综合改革目标，对于解决这些问题及提高研究生培养质量具有重要意义。

同时，确立综合改革目标也是学校实现自身发展的必然选择。作为一所高水平财经大学，河南财经政法大学一直致力于培养具有创新精神和实

践能力的高素质人才。然而，随着社会的不断发展和竞争的日益激烈，学校必须不断深化改革、提升培养质量，才能在激烈的竞争中立于不败之地。因此，确立专业学位研究生教育综合改革目标，对于推动学校事业发展、提升学校社会声誉具有重要意义。

二、综合改革目标的内涵和要求

专业学位研究生教育综合改革目标的内涵十分丰富，包括培养理念、培养模式、课程设置、实践环节等多个方面。具体来说，综合改革目标要求专业学位研究生教育必须坚持以社会需求为导向，以培养具有创新精神和实践能力的高素质人才为核心，注重知识、能力、素质的协调发展，强化实践能力和创新创业精神的培养，提高研究生适应社会发展需求的能力。

为了实现这一综合改革目标，学校在多个方面进行了积极探索和实践。首先，学校明确了专业学位研究生的培养目标，即培养具有丰富专业知识、良好职业素养、较强实践能力和创新创业精神的高素质人才。其次，学校优化了课程设置，注重理论与实践相结合，增加了实践课程的比重，强化了研究生实践能力的培养。再次，学校加强了与企事业单位的合作，为研究生提供了更多实践和研究的机会。最后，学校还注重研究生的综合素质培养，通过举办各类学术讲座、文化活动等，提升研究生的文化素养和综合素质。

（一）明确培养目标，优化培养方案

学校在专业学位研究生培养上，始终坚持以市场需求为导向，以培养具有创新精神和实践能力的高层次应用型人才为目标。学校不断优化培养方案，调整课程设置，加强实践教学，确保培养的人才能够满足经济社会的发展需求。通过明确培养目标和优化培养方案，学校为专业学位研究生的培养奠定了坚实的基础。

（二）加强导师队伍建设，提升指导水平

导师在研究生培养中发挥着举足轻重的作用。学校高度重视导师队伍建设，通过引进高水平人才、加强内部培养、完善激励机制等措施，打造了一支高素质、专业化的导师队伍。这些导师不仅具有深厚的学术造诣，还拥有丰富的实践经验，能够为研究生提供高质量的学术指导和实践引领。

（三）强化实践教学，提升职业素养

专业学位研究生的培养强调实践性和应用性。学校通过构建完善的实践教学体系，为研究生提供了大量的实践机会。学校与企业、政府部门等合作建立了一批实践基地，研究生可以深入这些基地开展实习、调研等活动，将所学理论应用于实际工作中，提升自己的职业素养和解决问题的能力。

（四）注重创新能力培养，激发学术活力

创新是研究生培养的核心。学校在专业学位研究生培养中注重创新能力的培养，鼓励研究生开展创新性研究和实践。学校设立了研究生创新基金，支持研究生开展创新性项目研究。同时，学校还定期举办研究生学术论坛、创新创业大赛等活动，为研究生提供展示和交流的平台，激发其学术活力和创新精神。

（五）拓宽国际视野，培养国际化人才

随着经济全球化的深入发展，国际化人才的培养显得尤为重要。学校积极推进国际化战略，为专业学位研究生提供更广阔的学术视角和更多的国际交流机会。学校支持研究生参加国际学术会议、访学交流等活动，鼓励研究生发表高水平学术论文，提升其国际学术影响力。

（六）完善质量保障体系，确保培养质量

质量是研究生培养的生命线。首先，学校建立了完善的质量保障体系，从招生、培养、毕业等各个环节严格把控培养质量。其次，学校加强了对研究生课程学习和科研工作的监督和指导，确保研究生能够在规定时间内完成培养任务。最后，学校建立了研究生培养质量反馈机制，及时收集用人单位和毕业生的反馈意见，为后续改进研究生培养工作提供数据支持。

（七）加强思想政治教育和学风建设

学校注重专业学位研究生的思想政治教育和学风建设。学校通过开设思想政治教育课程、举办专题讲座、开展主题党日活动等形式，引导研究生树立正确的世界观、人生观和价值观。此外，学校还加强学风建设，倡导严谨、务实的学术风气，营造浓厚的学术氛围。

（八）推进“产学研”合作，深化协同育人

“产学研”合作是提升专业学位研究生培养质量的重要途径。学校积极推进“产学研”合作，与企业、行业协会等合作开展人才培养、科技创新等活动。通过“产学研”合作，研究生可以深入了解行业发展趋势和企业需求，参与实际项目的研究和开发，提升自己的实践能力和职业素养。

（九）关注社会需求，动态调整培养策略

社会需求是专业学位研究生培养的重要导向。学校始终关注社会需求的变化，动态调整培养策略。学校定期对毕业生进行跟踪调查，了解用人单位的需求和反馈意见，根据调查结果及时调整课程设置和培养方案。同时，学校还加强与用人单位的沟通与合作，建立紧密的校企合作机制，为研究生提供更多更好的就业机会。

学校在提升专业学位研究生培养质量方面做了大量卓有成效的工作。

通过明确培养目标、优化培养方案、加强导师队伍建设、强化实践教学、注重创新能力培养、拓宽国际视野、完善质量保障体系、加强思想政治教育和学风建设、推进“产学研”合作以及关注社会需求等措施，学校已为国家和社会培养了大批高素质、创新型的高层次人才。

第二节　综合改革目标的确立

随着社会的不断发展和进步，专业学位研究生教育在推动经济社会发展和提升国家竞争力方面扮演着越来越重要的角色。因此，确立专业学位研究生教育综合改革目标，对于提高研究生培养质量、适应社会需求、推动教育强国建设具有重要意义。河南财经政法大学作为培养高层次人才的重要基地，积极响应国家号召，深入推进专业学位研究生教育综合改革，努力探索符合自身特色的改革目标和实践路径。

一、实现综合改革目标的策略和措施

为了实现专业学位研究生教育综合改革目标，学校采取了一系列策略和措施。首先，学校加强了市场调研和需求分析，及时了解社会对人才的需求变化和趋势，为调整培养方案和课程设置提供数据支持。其次，学校加强了与企事业单位的合作与交流，建立了“产学研”合作基地和实习实训基地等平台，为研究生提供了更多实践和研究的机会。最后，学校注重与国际高水平大学的合作与交流，为研究生提供了更多出国深造和参加国际学术会议的机会。

在课程设置方面，学校注重理论与实践相结合，增加了实践课程的比重，强化了研究生实践能力的培养。同时，学校还开设了多门跨学科课程和创新创业课程等特色课程，旨在培养研究生的跨学科思维和创新创业精神。在教学方式方面，学校注重启发式、讨论式等教学方法的运用，激发和开阔研究生的学习兴趣和思维。在导师队伍建设方面，学校加强了导师

的遴选和培训工作，提高了导师的指导能力和水平。在管理方面，学校注重完善研究生教育管理体系和制度建设。建立了完善的研究生培养质量监控和评估机制，定期对研究生的培养质量进行评估和反馈。此外，学校还加强了研究生的思想政治教育和心理健康教育工作，为研究生的全面发展提供了有力保障。

二、深化对综合改革目标的认识

确立专业学位研究生教育综合改革目标，首先需要对当前的教育形势有深刻的认识。在新时代背景下，研究生教育不仅要传授知识，更要培养能力，尤其是解决实际问题的能力。这就要求我们在设置培养目标时，更加注重实践导向，强化研究生的应用能力和创新能力。

学校在这方面进行了积极的探索。学校通过市场调研和与行业企业的深度交流，明确了社会对研究生的具体需求，进而调整和优化了培养目标。这种以需求为导向的培养目标设置，确保了研究生教育与社会发展的紧密对接。

三、完善综合改革目标的保障机制

为了确保专业学位研究生教育综合改革目标的顺利实现，学校还建立了一套完善的保障机制，包括制订详细的培养计划、建立严格的质量监控体系、提供充足的资源保障等。

学校根据培养目标制订了具体的培养计划，明确了每个培养环节的要求和标准。同时，建立了由校内外专家组成的质量监控小组，定期对研究生的培养质量进行评估和反馈。此外，学校还加大了对专业学位研究生教育的投入力度，提供了先进的实验室、图书馆等学习条件以及丰富的奖学金、助学金等激励措施。

通过确立并实践专业学位研究生教育综合改革目标，学校在提升研究生培养质量方面取得了显著成效。研究生的知识结构更加合理、实践能力更加突出、创新能力更加显著，得到了社会的广泛认可。

学校将继续深化专业学位研究生教育综合改革，不断完善培养目标和实践体系，加强与行业企业的合作与交流，拓宽和提升研究生的国际视野和竞争力。同时，学校还将关注新技术、新产业的发展趋势，及时调整和优化研究生教育的结构和内容，为培养更多高素质、应用型的研究生贡献力量。

四、构建综合改革目标的实践体系

目标的实现需要系统的实践体系作为支撑。学校在构建专业学位研究生教育综合改革目标的实践体系时，注重从课程设置、教学方式、实践环节、导师队伍建设等多个方面入手。

在课程设置上，学校打破了传统的学科界限，引入了更多跨学科、交叉学科的课程，旨在培养研究生形成复合型知识结构。同时，提高了实践课程的比重，让研究生在解决实际问题的过程中提升能力。

在教学方式上，学校倡导启发式、讨论式、案例式等现代教学方法，鼓励研究生主动参与、积极探究，培养他们的批判性思维并提升他们的创新能力。

在实践环节上，学校与多家企事业单位建立了合作关系，为研究生提供了大量的实习、实训机会。这些实践经历不仅让研究生有机会将所学知识应用于实际工作中，还帮助他们建立了广泛的社会网络，为未来的职业发展打下了坚实基础。

在导师队伍建设上，学校注重导师的学术背景和实践经验，鼓励导师与研究生建立紧密的合作关系，共同开展科研项目和社会服务活动。

学校将继续深化专业学位研究生教育改革，创新培养模式，提高培养质量。学校将进一步优化课程设置和教学方法，加强实践教学和创新能力培养；加强导师队伍建设和管理机制创新；拓宽国际视野和加强与国际高水平大学的合作与交流；完善质量保障体系和加强培养质量监督；加强思想政治教育和学风建设以及推进“产学研”合作和协同育人等措施的实施。相信在不久的将来，学校的专业学位研究生教育将步入新的更高水平的发展阶段，为我国经济社会发展提供更加有力的人才保障和智力支持。

（一）紧密对接行业需求，优化人才培养结构

随着社会经济的快速发展，各行各业对高层次、应用型人才的需求也在不断变化。为了提高专业学位研究生教育响应社会人才需求的能力，学校紧密对接行业需求，优化人才培养结构。学校定期组织专业教师和行业专家进行市场调研，了解行业发展趋势和人才需求状况，以此为基础调整和优化专业设置。同时，学校还加强了与行业企业的合作与交流，通过共同制订人才培养方案、共建实习基地、共享资源等方式，确保培养的人才满足行业的实际需求。

（二）以实践能力培养为重点，加强教学与实践的结合

研究生的培养强调实践性和应用性。为了提高研究生的实践能力，学校以实践能力培养为重点，加强了教学与实践的结合。学校通过增设实践课程、开展实验教学、组织实地调研等方式，让研究生在实践中学习和掌握专业知识。同时，学校还积极推广校企合作、“产学研”一体等教学模式，鼓励研究生参与实际项目的研究和开发，提升其解决问题的能力和职业素养。

（三）注重跨学科复合型人才的培养

随着经济社会的复杂性和多样性的增加，社会对跨学科复合型人才的需求也越来越大。学校注重跨学科复合型人才的培养，通过开设跨学科课程、举办跨学科论坛、鼓励跨学科研究项目等方式，促进研究生形成多元化的知识结构。同时，学校还加强了对研究生的通识教育，提升其综合素质和适应能力，使其能够更好地应对复杂多变的社会环境。

（四）完善就业指导体系，提高就业质量

就业是衡量研究生培养质量的重要标准之一。为了提高研究生的就业质量，学校完善了就业指导体系。学校设立了就业指导中心，为研究生提供职业规划、就业指导、招聘信息等服务。同时，学校还加强了与用人单位的联系和沟通，了解用人单位的需求和反馈意见，为研究生提供更多更好的就业机会。此外，学校还鼓励和支持研究生自主创业，为其提供创业指导、资金扶持等服务。

（五）建立动态调整机制，保障人才培养的时效性和针对性

社会需求的变化对人才培养提出了更高的要求。为了保障人才培养的时效性和针对性，学校建立了动态调整机制。学校定期对研究生的培养方案进行评审和调整，确保其与社会需求紧密结合。同时，学校还加强了对研究生的个性化培养，根据其兴趣爱好和职业规划为其量身定制培养方案。此外，学校还积极引入社会评价和反馈机制，及时了解社会对人才培养的意见和建议，为后续改进研究生培养工作提供数据支持。

（六）加强国际合作与交流，拓宽国际视野

随着经济全球化的深入发展，国际交流与合作在高层次人才培养中扮演着越来越重要的角色。学校积极推进国际合作与交流，为研究生提供更广阔的学术视野和大量的国际交流机会。学校与国外高水平大学开展了合作与交流项目，支持研究生参加国际学术会议、访学交流等活动。同时，学校还引入了国际先进的教学模式和课程资源，为研究生提供更优质的学习体验。通过加强国际合作与交流，学校培养了一批具有国际视野和跨文化交际能力的高层次人才。

（七）构建多元化评价体系，全面提升培养质量

为了全面提升研究生的培养质量，学校构建了多元化评价体系。该体

系涵盖了课程设置、教学质量、导师指导、学术研究、实践能力等多个方面，旨在从多个角度对研究生的培养质量进行客观评价。学校通过引入第三方评估机构、定期开展自评、鼓励学生参与评价等方式，确保评价的客观性和公正性。同时，学校还将评价结果及时反馈相关部门和人员，为其改进工作提供数据支持。通过构建多元化评价体系，学校为研究生的全面发展提供了有力保障。

（八）关注非认知能力培育，提升综合素养

非认知能力是指除知识技能以外的个人品质和能力，如沟通能力、领导力、团队协作能力等。在现代社会中，非认知能力对于个人职业发展和社会贡献的重要性日益凸显。为了提高研究生的综合素养，学校关注非认知能力的培育。学校通过组织丰富多彩的课外活动、提供社会实践和志愿服务机会等，培养研究生的团队协作意识和社会责任感。同时，学校还加强了心理健康教育和心理辅导工作，帮助研究生建立良好的心态、提升其应对压力的能力。

（九）强化创新创业教育，激发创造活力

创新创业能力是现代社会对高层次人才的重要要求之一。为了激发研究生的创造活力，学校强化了创新创业教育工作。学校设立了创新创业中心和孵化基地等平台，为研究生提供创业指导、项目孵化、资金支持等服务。同时，学校还举办了创新创业课程、讲座等活动，培养研究生的创新思维和创业精神。通过强化创新创业教育，学校为研究生的发展注入了新的活力和动力。

（十）营造良好的学术氛围和文化环境

学术氛围和文化环境对研究生的成长和发展具有重要影响。为了营造良好的学术氛围和文化环境，学校注重校园文化建设。学校举办了各类学术讲座、论坛和比赛等活动，鼓励研究生积极参与学术交流和文化传承活

动。同时，学校还加强了图书馆、实验室等基础设施建设和管理工作，为研究生提供优质的学习和生活环境。

综上所述，学校在提高专业学位研究生教育响应社会人才需求的能力方面进行了多方面的探索和实践。从市场调研到专业设置，从实践能力培养到跨学科复合型人才的培养，再到就业指导体系的完善，每一个环节都紧密相扣，共同构成了学校专业学位研究生教育的完整体系。

在这个体系中，学校始终坚持以社会需求为导向，以人才培养为核心。通过市场调研和专业设置调整，学校确保了研究生的培养与社会需求的紧密对接。同时，学校注重研究生的实践能力培养和跨学科复合型人才的培养，通过教学与实践的结合、跨学科课程的开设等方式，提升了研究生的综合素质和适应能力。

为了提高研究生的就业质量，学校不仅完善了就业指导体系，还为研究生提供了更多更好的就业机会。学校与用人单位的紧密联系和沟通，使得研究生能够更好地了解社会需求，提升自身竞争力。同时，学校鼓励和支持研究生自主创业，为其提供了全方位的创业指导和服务。

在保障人才培养的时效性和针对性方面，学校建立了动态调整机制。这一机制确保了研究生的培养方案能够与时俱进，满足社会发展的需求。同时，学校还加强了对研究生的个性化培养，充分尊重研究生的兴趣爱好和职业规划，为其量身定制培养方案。

国际合作与交流在高层次人才培养中扮演着重要角色。通过与国外高水平大学的合作与交流，研究生能够接触到国际前沿的学术理念和研究方法，提升自身的学术水平。

在提升培养质量方面，学校构建了多元化评价体系。这一体系从多个角度对研究生的培养质量进行客观评价，为改进研究生培养工作提供了数据支持。同时，学校还关注非认知能力的培育，通过组织丰富多彩的课外活动和提供社会实践机会等，提升研究生的综合素养。

创新创业教育是激发研究生创造活力的重要途径。学校强化了创新创业教育，为研究生提供了全方位的创业指导和服务。通过举办创新创业课程、讲座等活动，研究生的创新思维和创业精神得到了有效培养。同时，学校还设立了创新创业中心和孵化基地等平台，为研究生的创业项目提供了孵化服务和资金支持。

营造良好的学术氛围和文化环境对研究生的成长与发展至关重要。学校注重校园文化建设，为研究生提供了优质的学术氛围和文化环境。各类学术讲座、论坛和比赛等活动的举办，激发了研究生的学术热情和创新精神。同时，学校还加强了基础设施建设和管理工作，为研究生提供了舒适的学习和生活环境。

学校在提高专业学位研究生教育响应社会人才需求的能力方面进行了全面而深入的探索和实践。通过市场调研、专业设置调整、实践能力培养、跨学科复合型人才培养、就业指导体系完善、动态调整机制建立、国际合作与交流推进、多元化评价体系构建、非认知能力培育强化以及创新创业教育和校园文化建设等措施的实施，学校成功地提升了研究生的培养质量，为社会输送了大量高素质、高适应性的人才。这些人才不仅具备了扎实的专业知识技能，还拥有了广阔的国际视野、良好的非认知能力和创新创业精神，为推动经济社会的持续发展和进步作出了积极贡献。

提高专业学位研究生教育响应社会人才需求的能力，是学校持续优化研究生教育的核心目标。在全球化、信息化时代，社会对人才的需求日趋多元化、高层次化，这就要求高校在人才培养上更加注重实践性、创新性和国际性。学校深知，要想让研究生更好地适应和引领社会发展，就必须在教育理念、培养方式、课程设置等多个方面进行深化改革。

为了进一步对接社会需求，学校建立了完善的市场调研机制。通过定期收集和分析行业发展趋势、企业用人需求等信息，学校能够及时调整研究生的培养方向和重点。例如，针对大数据、人工智能等新兴产业的快速发展，学校增设了相关课程，并加强了与这些产业领域的合作，为研究生提供了更多实践和研究的机会。

在实践能力培养方面，学校注重将课堂知识与实际工作相结合。学校与众多企事业单位建立了“产学研”合作基地，为研究生提供了丰富的实习和实训资源。通过这些实践活动，研究生不仅能够将所学知识应用于实际工作中，还能够提升解决问题的能力和团队协作的能力。

跨学科复合型人才的培养是学校的又一特色。学校鼓励研究生选修不同学科的课程，拓宽知识面和视野。同时，学校还开设了多门跨学科课程，如金融与法律的交叉课程、经济与管理的融合课程等，旨在培养既懂专业知识又具备跨学科思维的高素质人才。

就业指导体系的完善也是学校提高专业学位研究生教育响应社会人才需求能力的重要举措。学校设立了专门的就业指导中心，为研究生提供职业规划、求职技巧、招聘信息等全方位的服务。通过与用人单位的紧密合作，学校还定期举办各类招聘会、人才交流会等活动，为研究生搭建了与用人单位直接沟通的桥梁。

为了保障人才培养的时效性和针对性，学校还建立了动态调整机制。学校根据社会需求和研究生培养情况，定期对研究生的培养方案进行修订和完善。同时，学校还注重收集研究生的反馈意见，及时调整教学内容和方式，确保培养方案更加符合研究生的实际需求。

国际合作与交流在高层次人才培养中发挥着越来越重要的作用。学校积极拓展国际合作与交流渠道，为研究生提供了更多出国深造和参加国际学术会议的机会。通过与国外高水平大学的合作与交流，研究生能够接触到国际前沿的学术理念和研究方法，提升自身的国际竞争力。

在提升培养质量方面，学校还注重构建多元化评价体系。学校从知识掌握、实践能力、创新精神、社会责任感等多个方面对研究生进行全面评价。这种多元化的评价方式不仅能够更客观地反映研究生的综合素质，还能够激励研究生在各个方面都取得更好的成绩。

综上所述，学校在提高专业学位研究生教育响应社会人才需求的能力方面进行了全方位的努力和探索。通过市场调研、实践能力培养、跨学科复合型人才的培养、就业指导体系完善、动态调整机制建立以及国际合作与交流推进等多项措施的实施，学校成功地提升了研究生的培养质量和社会适应能力。这些举措不仅为研究生的个人发展奠定了坚实基础，也为社会培养了更多高素质、高适应性的人才，为推动经济社会的持续发展和进步作出了重要贡献。

五、综合改革目标的实践成效与展望

通过实施专业学位研究生教育综合改革目标的一系列策略和措施，学校取得了显著的实践成效。首先，研究生的培养质量得到了明显提升，研究生的专业知识、实践能力和创新创业精神等方面也得到了有效培养。其次，研究生的就业率和社会认可度也得到了显著提高，研究生在就业市场上具有了更强的竞争力和适应能力。最后，学校的社会声誉和影响力也得到了进一步提升。

学校将继续深化专业学位研究生教育综合改革目标的实践和探索。学校将进一步优化课程设置和教学方式方法，加强研究生的实践能力和创新创业精神的培养；加强与国际高水平大学的合作与交流，拓宽和提升研究生的国际视野和竞争力；完善研究生教育管理体系和制度建设，为研究生的全面发展提供更有力的保障。同时，学校还将积极响应国家号召和社会需求变化，不断调整和优化研究生教育的培养目标和方案设置等方面工作，为推动经济社会的持续发展和进步作出更大的贡献。

随着我国经济社会的深入发展，特别是创新驱动发展战略的实施，高层次、应用型、复合型的研究生教育日益受到重视。大学，作为培养这类人才的重要基地，明确并实践研究生教育的综合改革目标，对于提升研究生培养质量、对接社会需求、助力地方及国家发展具有深远的意义。

第三节　四个抓手的选择

一、深化专业学位研究生培养机制改革

高层次、应用型、复合型的专业学位研究生教育在推动经济社会发展和提升国家竞争力方面发挥着越来越重要的作用。

（一）深化专业学位研究生培养机制改革的必要性

专业学位研究生教育旨在培养具有扎实理论基础，并适应特定行业或职业实际工作需要的应用型高层次专门人才。然而，传统的专业学位研究生培养机制在一定程度上存在重理论轻实践、重学术轻应用、重知识传授轻能力培养等问题，导致培养出来的人才与社会需求之间存在一定的脱节。因此，深化专业学位研究生培养机制改革，构建以实践能力培养为核心、以职业需求为导向的新型培养机制，成为当前研究生教育改革的重要任务。

（二）深化专业学位研究生培养机制改革的主要内容

1. 优化培养目标与方案设置

学校在深化专业学位研究生培养机制改革过程中，首先优化了培养目标与方案设置。学校通过市场调研和与行业企业的深度交流，明确了社会对专业学位研究生的具体需求，进而调整和优化了培养目标。在培养方案中，更加注重实践导向，强化研究生的应用能力和创新能力培养，增设了实践课程、创新创业课程等特色课程，旨在培养研究生的跨学科思维和创新创业精神。

2. 改革招生与选拔机制

招生与选拔是研究生培养的第一关。学校在改革招生与选拔机制时，不仅注重学术成绩，更注重考查考生的综合素质和应用能力。学校加大了对考生实践经验、创新能力等方面的考查力度，通过面试、实践操作等多种方式全面评估考生的综合素质。同时，学校还积极探索与行业企业合作招生、推荐免试等多元化招生方式，拓宽了优秀人才的选拔渠道。

3. 创新培养模式与教学方法

培养模式与教学方法是影响研究生培养质量的关键因素。学校在创新培养模式与教学方法时，注重启发式、讨论式、案例式等现代教学方法的运用，激发研究生的学习兴趣和思维能力。同时，学校还加强了与行业企业的合作与交流，引入了更多实际案例和行业前沿知识，让研究生在解决实际问题的过程中提升能力。此外，学校还注重研究生的个性化培养，根据研究生的兴趣特长和职业规划制订个性化的培养方案。

4. 加强导师队伍建设与管理

导师是研究生培养的第一责任人。学校在加强导师队伍建设与管理时，注重导师的学术背景和实践经验，鼓励导师与研究生建立紧密的合作关系，共同开展科研项目和社会服务活动。同时，学校还建立了完善的导师遴选、培训、考核和激励机制，提高导师的指导能力和水平。此外，学校还注重加强导师的师德师风建设，为研究生提供良好的学术氛围和成长环境。

5. 完善质量监控与保障体系

质量监控与保障体系是确保研究生培养质量的重要手段。学校在完善质量监控与保障体系时，建立了由校内外专家组成的质量监控小组，定期对研究生的培养质量进行评估和反馈。同时，学校还加强了研究生的思想政治教育和心理健康教育工作，为研究生的全面发展提供了有力保障。此外，学校还建立了完善的研究生奖助体系，为研究生提供了充足的学习动力和经济支持。

（三）深化专业学位研究生培养机制改革的成效与展望

通过深化专业学位研究生培养机制改革的一系列策略和措施的实施，学校在研究生培养质量方面取得了显著的成效。首先，研究生的培养质量得到了明显提升，研究生的专业知识、实践能力和创新创业精神等都得到了有效培养；其次，研究生的就业率和社会认可度也得到了显著提高；最后，学校的社会声誉和影响力也得到了进一步提升。这些成效充分证明了深化专业学位研究生培养机制改革的必要性和重要性。

学校将继续深化专业学位研究生培养机制改革，不断完善和优化培养目标、招生选拔、培养模式、教学方法、导师队伍建设与管理以及质量监控与保障体系等方面的工作。同时，学校还将积极响应国家号召和社会需求变化，不断调整和优化专业学位研究生教育的结构与内容，为推动经济社会的持续发展和进步作出更大的贡献。通过持续的努力和探索，相信学校将在专业学位研究生教育领域取得更加辉煌的成就。

在我国高等教育体系中，专业学位研究生教育占据着举足轻重的地位。特别是在当前经济社会快速发展、产业结构不断升级的背景下，专业学位研究生教育的重要性越发凸显。河南财经政法大学作为一所以经济学、管理学为主干，多学科协调发展的高等学府，在深化专业学位研究生培养机制改革方面，不仅有着义不容辞的责任，更有着得天独厚的优势。

在优化培养目标方面，学校紧密结合国家和地方经济社会发展的实际需求，对专业学位研究生的培养目标进行了精准定位。学校不仅注重培养学生的专业知识和技能，还着重提升学生的综合素质和创新能力。学校通过增设实践课程、创新创业课程等特色课程，旨在培养学生的实践操作能力、创新思维能力和跨学科解决问题的能力。

在改革招生选拔机制方面，学校打破了传统的以考试成绩为唯一标准的选拔模式，引入了多元化的评价机制。学校不仅考查考生的学术成绩，还注重考查考生的实践经验、创新能力、团队协作精神等非学术因素。这种多元化的选拔机制有助于选拔出真正具有潜力和特长的优秀人才，为专业学位研究生教育注入新的活力。

在创新培养模式与教学方法方面，学校积极探索以学生为中心、以问题为导向的教学模式。学校鼓励教师采用启发式、讨论式、案例式等现代教学方法，激发学生的学习兴趣和探究欲望。

在加强导师队伍建设与管理方面，学校注重导师的学术背景和实践经验，鼓励导师积极参与研究生的培养过程；建立了完善的导师遴选、培训、考核和激励机制；注重加强导师的师德师风建设，为研究生提供良好的学术氛围和成长环境。

在完善质量监控与保障体系方面，学校建立了全方位、多层次的质量监控体系。学校不仅定期对研究生的培养质量进行评估和反馈，还加强了对研究生培养过程的动态监控和管理。同时，学校还注重加强研究生的思想政治教育和心理健康教育，为研究生的全面发展提供有力保障。

通过上述一系列改革措施的实施，学校专业学位研究生教育的培养质量得到了显著提升。毕业生的就业率和社会认可度持续提高，学校的社会声誉和影响力也不断扩大。这些成果充分证明了深化专业学位研究生培养机制改革的必要性和重要性。

学校将继续坚定不移地深化专业学位研究生培养机制改革。学校将进一步完善和优化培养目标、方案设置、招生选拔、培养模式、教学方法、导师队伍建设与管理以及质量监控与保障体系等方面的工作，努力提升专业学位研究生教育的质量和水平。同时，学校还将积极响应国家号召和社会需求变化，不断调整和优化专业学位研究生教育的结构和内容，为推动经济社会的持续发展和进步作出更大的贡献。

二、创新专业学位研究生培养模式

随着我国经济社会的快速发展和产业结构的不断升级，社会对高层次、应用型、复合型人才的需求越来越迫切。专业学位研究生教育作为培养这类人才的重要途径，其培养模式的创新显得尤为重要。河南财经政法大学在创新专业学位研究生培养模式方面进行了积极探索和实践，取得了显著成效。

（一）创新专业学位研究生培养模式的背景与意义

传统的研究生培养模式注重学术研究和理论知识的传授，专业学位研究生教育则更加注重实践应用能力和职业素养的培养。然而，随着社会的不断发展和社会需求的不断变化，传统的研究生培养模式已经难以完全满足社会的需求。因此，创新专业学位研究生培养模式，提高研究生的实践应用能力和职业素养，成为当前研究生教育改革的重要方向。

创新专业学位研究生培养模式的意义在于：一方面，可以更好地满足社会对高层次、应用型、复合型人才的需求，推动经济社会的持续发展和进步；另一方面，可以提高研究生的就业竞争力和职业发展潜力，为研究生的个人成长和发展提供更好的平台和机会。

（二）创新专业学位研究生培养模式的具体措施

学校在创新专业学位研究生培养模式方面，采取了以下具体措施。

1. 优化课程设置，强化实践教学

学校根据专业学位研究生的培养目标和社会需求，对课程设置进行了优化。在保留必要的理论课程的基础上，提高了实践课程的比重，强化了实践教学环节。同时，学校还积极与企业、行业合作，共同开发实践课程，确保课程内容与实际需求紧密对接。

2. 推行导师团队制，加强跨学科培养

为了提高研究生的综合素质和跨学科解决问题的能力，学校推行了导师团队制。每个研究生都可以选择一个由不同学科背景的导师组成的团队进行指导。这样不仅可以拓宽研究生的学术视野，还可以提高研究生的跨学科合作能力和创新能力。

3. 建立“产学研”合作平台，促进成果转化

学校积极与企业、行业建立“产学研”合作平台，为研究生提供实践机会和成果转化渠道。通过与企业的合作，研究生可以参与到实际项目中去，了解行业前沿动态和市场需求，提高实践应用能力和职业素养。同时，学校还鼓励研究生将研究成果转化，推动科技创新和产业发展。

4. 加强国际交流与合作，提升国际化水平

为了适应全球化的发展趋势和培养具有国际视野的高层次人才，学校加强了国际交流与合作。通过与国外知名大学和研究机构的合作与交流，学校为研究生提供了更多的国际学习机会和平台。这不仅可以提高研究生的外语水平和跨文化交流能力，还可以拓宽研究生的国际视野和职业发展空间。

（三）创新专业学位研究生培养模式的实施效果与展望

通过实施上述创新措施，学校专业学位研究生培养模式取得了显著成效。首先，研究生的实践应用能力和职业素养得到了明显提升；其次，研究生的就业率和职业发展潜力也得到了显著提高；最后，学校的社会声誉和影响力也得到了进一步提升。这些成效充分证明了创新专业学位研究生培养模式的必要性和重要性。

学校将继续深化专业学位研究生培养模式的创新。学校将进一步完善和优化课程设置、实践教学、导师团队制、“产学研”合作平台以及国际交流与合作等方面的工作。同时，学校还将积极响应国家号召和社会需求变化，不断调整和优化专业学位研究生教育的结构和内容，为推动经济社会的持续发展和进步作出更大的贡献。

此外，学校还将加强专业学位研究生培养模式的理论研究和实践探索。通过总结经验教训和借鉴国内外先进经验，学校将不断完善和创新专业学位研究生培养模式，提高研究生的培养质量和水平。相信在不久的将来，学校将在专业学位研究生教育领域取得更加辉煌的成就。

创新专业学位研究生培养模式是推动研究生教育改革和发展的重要举措。学校在这方面进行了积极探索和实践，取得了显著成效。未来，学校将继续深化专业学位研究生培养模式的创新，为培养更多高层次、应用型、复合型人才作出更大的贡献。

三、构建专业学位研究生培养质量保障体系

随着我国研究生教育的快速发展，专业学位研究生教育规模不断扩大，其培养质量问题也日益受到关注。为了提高专业学位研究生的培养质量，构建一套科学、完善的质量保障体系显得尤为重要。学校在构建专业学位研究生培养质量保障体系方面进行了积极探索和实践，形成了独具特色的质量保障体系。

（一）构建专业学位研究生培养质量保障体系的背景与意义

专业学位研究生教育以培养高层次、应用型、复合型人才为目标，其培养质量直接关系到我国经济社会的持续发展和进步。然而，由于专业学位研究生教育起步较晚，发展时间较短，其培养质量保障体系相对薄弱，存在一些问题。因此，构建专业学位研究生培养质量保障体系，提高研究生的培养质量，成为当前研究生教育综合改革的重要任务。

构建专业学位研究生培养质量保障体系的意义在于：一方面，可以规范专业学位研究生教育的培养过程，确保研究生的培养质量符合社会需求和行业标准；另一方面，可以提高研究生的综合素质和职业竞争力，为研究生的个人成长和发展提供更好的保障。

（二）构建专业学位研究生培养质量保障体系的具体措施

学校在构建专业学位研究生培养质量保障体系方面，采取了以下具体措施。

1. 制订科学、合理的培养方案

学校根据专业学位研究生的培养目标和社会需求，制订了科学、合理的培养方案。培养方案明确了研究生的培养目标、课程设置、实践教学、学位论文等要求，为研究生的培养提供了全面、系统的指导。

2. 加强师资队伍建设

学校注重加强师资队伍建设，提高教师的学术水平和教学能力。学校通过引进高水平人才、培养青年教师、鼓励教师参加学术交流等方式，提高教师的整体素质。同时，学校还建立了导师遴选和考核机制，确保导师具备指导研究生的能力和责任心。

3. 强化实践教学环节

学校注重强化实践教学环节，提高研究生的实践应用能力和职业素养。学校通过与企业合作，共同建设实践教学基地，为研究生提供实践机会和平台。同时，学校还鼓励研究生参加社会实践、创新创业等活动，提高研究生的综合素质和创新能力。

4. 严格学位论文管理

学校注重学位论文管理，确保研究生的学位论文质量符合要求和标准。学校建立了学位论文开题、中期检查、预答辩、答辩等环节的管理制度，对研究生的学位论文进行全程跟踪和管理。同时，学校还加强了对学位论文的学术不端行为检测和处理，确保研究生的学位论文真实、可靠。

5. 建立质量监控和评估机制

学校建立了质量监控和评估机制，对专业学位研究生的培养质量进行全面、客观的评估。学校通过定期的教学检查、学生评教、社会评价等方式，收集和分析研究生培养过程中的问题和不足，及时采取措施进行改进和优化。

（三）构建专业学位研究生培养质量保障体系的效果与展望

通过实施上述措施，学校专业学位研究生培养质量保障取得了显著成效。一方面，研究生的培养质量得到了明显提升，研究生的综合素质和职业竞争力得到了显著提高；另一方面，学校的社会声誉和影响力进一步提升，得到了社会各界的广泛认可和好评。

学校将继续完善和优化专业学位研究生培养质量保障体系。首先，学校将进一步加强师资队伍建设、实践教学环节、学位论文管理等方面的工作；其次，学校将积极响应国家号召和社会需求变化，不断调整和优化专业学位研究生教育的结构和内容；最后，学校还将加强与其他高校和行业的合作与交流，共同推动专业学位研究生教育的持续发展和进步。

构建专业学位研究生培养质量保障体系是推动研究生教育改革和发展的重要举措。学校在这方面进行了积极探索和实践，形成了独具特色的质量保障体系，取得了显著成效。未来，学校将继续完善和优化专业学位研究生培养质量保障体系，为培养更多高层次、应用型、复合型人才作出更大的贡献。

四、加强研究生教育管理信息化平台建设

随着我国信息技术的快速发展和广泛应用，信息化已经成为推动教育现代化的重要手段。研究生教育作为高等教育的重要组成部分，其管理信息化水平直接关系到研究生的培养质量和效率。因此，加强研究生教育管理信息化平台建设，提高研究生教育管理的科学化、规范化和信息化水平，成为当前研究生教育改革的重要任务。

（一）加强研究生教育管理信息化平台建设的背景与意义

近年来，我国研究生教育规模不断扩大，研究生数量不断增加，给研究生教育管理带来了巨大的挑战。传统的研究生教育管理模式已经难以适应新形势下的需求，存在管理效率低下、信息不对称、数据不准确等问题。因此，加强研究生教育管理信息化平台建设，提高研究生教育管理的效率和质量，成为当前研究生教育改革的必然选择。

加强研究生教育管理信息化平台建设的意义在于：一方面，可以提高研究生教育管理的效率和质量，实现管理流程的自动化、信息化和智能化，减少人为干预和误差，提高管理决策的准确性和科学性；另一方面，可以加强研究生教育管理的透明度和公开性，方便研究生、导师和管理人员之间的信息交流和沟通，促进研究生教育管理的民主化和规范化。

（二）加强研究生教育管理信息化平台建设的具体措施

为了加强研究生教育管理信息化平台建设，学校采取了以下具体措施。

1. 建立完善的信息管理系统

学校建立了完善的研究生信息管理系统，实现了研究生信息的全面、准确、及时管理。系统包括研究生基本信息管理、课程管理、成绩管理、

导师管理、学位论文管理等多个模块，方便管理人员对研究生信息进行查询、统计和分析。同时，学校还建立了研究生信息管理系统与其他相关系统的数据共享和交换机制，实现了信息的互通和共享。

2. 推广使用在线办公系统

学校积极推广使用在线办公系统，实现了研究生教育管理的电子化、网络化和移动化。管理人员可以通过在线办公系统处理公文、审批事项、发布通知等，提高了管理效率和质量。同时，研究生和导师也可以通过在线办公系统查询相关信息、提交申请、参与评价等，方便了研究生教育管理各方的参与。

3. 加强网络安全和信息保密工作

学校高度重视网络安全和信息保密工作，采取了多种措施保障研究生信息管理系统的安全和稳定。学校建立了完善的信息安全管理制度和技术防范体系，加强了对系统数据的备份和恢复能力，确保了研究生信息的安全性和可靠性。

4. 开展信息化培训和服务工作

学校积极开展信息化培训和服务工作，提高了管理人员、研究生和导师的信息化素养和应用能力。学校定期组织信息化培训课程和讲座，介绍信息化技术和管理理念，帮助管理人员掌握信息化技能和方法。同时，学校还建立了信息化服务团队，为管理人员、研究生和导师提供技术咨询和支持服务。

（三）加强研究生教育管理信息化平台建设的效果与展望

通过实施上述措施，学校研究生教育管理信息化平台建设取得了显著成效。首先，研究生信息管理系统的建立和使用，实现了研究生信息的全面、准确、及时管理，提高了管理效率和质量；其次，在线办公系统的推广使用，方便了研究生教育管理的各方参与，提高了管理流程的自动化和信息化水平；最后，网络安全和信息保密工作的加强，确保了研究生信息的安全性和可靠性。

学校将继续加强研究生教育管理信息化平台建设。学校将进一步完善和优化研究生信息管理系统，提高系统的智能化和自动化水平。同时，学校还将加强与其他高校和行业的合作与交流，共同推动研究生教育管理信息化平台的建设和发展。此外，学校还将积极响应国家号召和社会需求变化，不断调整和优化研究生教育管理的结构和内容。

随着信息化平台建设的深入推进，学校研究生教育管理的面貌焕然一新。研究生信息管理系统的智能化升级，使得从招生录取到学位授予的每一环节都实现了数据的精准匹配和快速处理。这不仅为管理人员减轻了工作负担，更为研究生和导师提供了便捷高效的服务体验。

在线办公系统的持续优化，打破了时间和空间的限制，让研究生教育管理工作更加灵活。无论是日常的请假申请、论文提交，还是重要的学术活动报名、奖学金评选，都能通过在线系统轻松完成。这种管理方式不仅提高了工作效率，还极大地提升了师生的满意度。

在网络安全和信息保密方面，学校始终保持着高度的警惕。通过定期的系统安全检测、严格的数据访问控制以及全面的应急响应机制，确保了研究生信息的安全无虞。这不仅为师生创造了一个安全稳定的网络环境，也为学校的整体信息安全提供了有力保障。学校在研究生教育管理信息化平台建设上还有着更加宏伟的蓝图。学校计划引入更多先进的信息技术，如大数据分析、云计算等，旨在进一步提升管理系统的智能化水平。通过这些技术的应用，学校可以更精准地分析研究生的学习需求和发展趋势，为个性化培养提供有力支持。

同时，学校还将积极拓展信息化平台的服务功能。除了现有的管理功能外，还将逐步增加在线学习、学术交流、就业指导等服务模块，为研究生提供全方位、一站式的教育服务。这将极大地丰富研究生的学习体验，促进他们的全面发展。

此外，学校还将借助信息化平台，加强与国内外其他高校的交流与合作。通过信息共享、资源互通、经验互鉴等方式，共同提升研究生教育管理的水平和质量。这将有助于学校在研究生教育领域树立更高的标杆，吸引更多优秀的学子前来深造。

加强研究生教育管理信息化平台建设是学校顺应时代发展潮流、提升研究生教育管理水平的重要举措。通过不懈的努力和探索，学校已经在信息化平台建设上取得了显著成效，并为未来的发展奠定了坚实基础。学校将继续以信息化为引领，推动研究生教育管理的创新与发展，为培养更多高层次、创新型、国际化人才贡献智慧和力量。

第四节　八项举措的提出

一、推进研究生招生制度改革

研究生招生制度作为选拔高层次人才的重要途径，其改革对于提高研究生培养质量、促进教育公平具有重要意义。河南财经政法大学在推进研究生招生制度改革方面，积极响应国家号召，结合学校实际，采取了一系列切实有效的措施。

（一）研究生招生制度改革的背景与意义

随着社会的快速发展和科技的不断进步，国家对高层次人才的需求越来越迫切。研究生教育作为培养高层次人才的重要阶段，其招生制度的科学性和公平性直接关系到人才培养的质量和效果。然而，传统的研究生招生制度存在一些问题，如考试内容单一、选拔方式不够灵活等，已经难以适应新时代的发展需求。

因此，推进研究生招生制度改革势在必行。通过改革，既可以建立更加科学、公平的选拔机制，提高研究生的培养质量，又可以促进教育公平，为更多优秀的学子提供深造的机会。这对于推动教育强国建设、实现中华民族伟大复兴的中国梦具有重要意义。

（二）研究生招生制度改革的实践与探索

学校在研究生招生制度改革方面进行了积极的实践与探索。首先，学校对招生制度进行了全面的梳理和分析，找出了存在的问题和不足。然后，结合学校实际和国家政策要求，制订了详细的改革方案和实施计划。

在具体实施过程中，学校较注重以下几个方面的工作。

1. 优化考试内容和形式

传统的研究生招生考试往往注重对知识的记忆和重复，而忽视了对考生综合素质和能力的考查。为了改变这一状况，学校对考试内容和形式进行了优化。一方面，增加了对考生综合素质和能力的考查，如创新思维、实践能力等；另一方面，注重考试内容与本科阶段知识的衔接，避免了简单的重复和机械记忆。

2. 完善选拔机制

为了选拔出真正优秀的学子，学校完善了选拔机制。除了考试成绩，还注重考生的科研能力、实践经验、社会活动等方面的表现。通过综合考量多个方面的因素，选拔出具有发展潜力和创新精神的优秀学子。

3. 加强信息公开和监督

为了保证招生工作的公平、公正、公开，学校加强了信息公开和监督工作。一方面，及时向社会公布招生政策、考试内容、录取标准等信息，提升了招生工作的透明度；另一方面，建立了完善的监督机制，对招生工作进行全程监督，确保了招生工作的规范有序。

（三）研究生招生制度改革的成效与展望

通过实施上述措施，学校研究生招生制度改革取得了显著成效。首先，考试内容和形式的优化，使得考试更加科学、合理，从而更好地考查了考生的综合素质和能力；其次，选拔机制的完善，使得更多优秀的学子脱颖而出，提高了研究生的培养质量；最后，信息公开和监督的加强，保证了招生工作的公平、公正、公开，赢得了社会的广泛认可和好评。

学校将继续深化研究生招生制度改革。一方面，学校将进一步完善考试内容和形式，使其更加符合新时代的发展需求；另一方面，学校还将加强与其他高校和行业的合作与交流，共同推动研究生招生制度的改革和发展。

同时，学校还将注重提高招生工作的信息化水平。通过引入先进的信息技术和管理理念，建立更加高效、便捷的招生管理平台，为考生提供更加优质的服务体验。这将有助于提高招生工作的效率和质量，进一步推动研究生招生制度的改革和发展。

推进研究生招生制度改革是提高研究生培养质量、促进教育公平的重要举措。学校在这方面进行了积极探索和实践，取得了显著成效。未来，学校将继续深化研究生招生制度改革，为培养更多高层次、创新型、国际化人才贡献智慧和力量。同时，学校还将加强与其他高校和行业的合作与交流，共同推动研究生教育的改革和发展，为实现教育强国目标作出更大的贡献。

二、加强研究生课程建设

研究生教育作为高等教育的重要组成部分，是培养高层次人才的重要途径。研究生课程建设则是研究生教育中的核心环节，直接关系到研究生的培养质量和效果。近年来，随着社会的快速发展和科技的不断进步，研究生课程建设也面临着新的挑战和机遇。河南财经政法大学作为一所高水平的财经类高校，在研究生课程建设方面进行了积极的探索和实践，取得了显著成效。

（一）加强研究生课程建设的背景与意义

随着国家对高层次人才的需求越来越迫切，研究生教育也迎来了新的发展机遇。然而，传统的研究生课程建设模式已经难以适应新时代的发展需求。一方面，社会对人才的需求日益多样化，要求研究生具备更加广泛的知识面和更高的专业素养；另一方面，科技的快速发展也要求研究生具备更强的创新能力和实践能力。因此，加强研究生课程建设势在必行。

加强研究生课程建设的意义在于：首先，可以提高研究生的培养质量。通过优化课程内容、改进教学方法、加强实践教学等措施，可以培养出更加符合社会需求的高层次人才。其次，可以促进研究生的全面发展。研究生课程建设不仅要注重知识的传授，还要注重能力的培养和素质的提升，促进研究生的全面发展。最后，可以推动研究生教育的改革和发展。研究生课程建设是研究生教育改革的重要组成部分，通过加强课程建设，可以推动研究生教育的整体改革和发展。

（二）研究生课程建设的实践与探索

学校在研究生课程建设方面进行了积极的实践与探索。首先，学校对研究生课程体系进行了全面梳理和分析，找出了存在的问题和不足。然后，结合学校实际和国家政策要求，制订了详细的课程建设方案和实施计划。

在具体实施过程中，学校注重以下几个方面的工作。

1. 优化课程内容

课程内容是研究生课程建设的核心，学校注重课程内容的优化和更新。一方面，学校紧跟时代步伐，将最新的科研成果和行业动态引入课堂，使课程内容更加贴近实际、更加具有前沿性；另一方面，学校注重课程内容的整合和拓展，打破学科壁垒，促进学科交叉融合，培养研究生的综合素质和跨学科能力。

2. 改进教学方法

教学方法是研究生课程建设的重要手段。学校注重教学方法的改进和创新。一方面，学校引入现代化教学手段，如多媒体教学、网络教学等，提高课堂教学效果；另一方面，学校推行互动式、研讨式等教学方法，激发研究生的学习热情和主动性，培养研究生的创新思维和问题解决能力。

3. 加强实践教学

实践教学是研究生课程建设的重要环节。学校注重实践教学的加强和拓展。一方面，学校提高实践教学比重，增设实验、实训、课程设计等实践环节，提高研究生的实践能力；另一方面，学校积极与企业合作，建立实践教学基地，为研究生提供更加广阔的实践平台。

4. 完善课程评价体系

课程评价体系是研究生课程建设的重要保障。学校注重课程评价体系的完善和创新。一方面，学校建立多元化的课程评价体系，包括学生评价、教师评价、社会评价等多个方面，全面反映课程质量和效果；另一方面，学校注重课程评价的反馈和改进，及时调整课程内容和教学方法，提高课程质量和效果。

（三）研究生课程建设的成效与展望

通过实施上述措施，学校研究生课程建设取得了显著成效。首先，课程内容得到了优化和更新，更加贴近实际，更加具有前沿性；其次，教学方法得到了改进和创新，提高了课堂教学效果；再次，实践教学得到了加强和拓展，提高了研究生的实践能力；最后，课程评价体系得到了完善和创新，全面反映了课程质量和效果。

学校将继续加强研究生课程建设。第一，学校将进一步完善课程内容体系，引入更多的优质资源和前沿成果；第二，学校将加强教学方法的研究与实践，推广更加有效的教学方法；第三，学校将加大实践教学的投入力度，为研究生提供更加广阔的实践平台；第四，学校将注重课程评价的持续改进和创新发展。

此外，学校还将加强研究生课程建设与人才培养目标的紧密对接。通过明确人才培养目标和要求，构建与之相适应的研究生课程体系，确保研究生课程建设与人才培养目标的高度一致和协同发展。这将有助于提高研究生的培养质量和效果，推动研究生教育的整体改革和发展。

加强研究生课程建设是提高研究生培养质量、促进研究生全面发展的重要举措。学校在这方面进行了积极探索和实践，取得了显著成效。未来，学校将继续加强研究生课程建设，为培养更多高层次、创新型、国际化人才贡献智慧和力量。同时，学校还将加强与其他高校和行业的合作与交流，共同推动研究生教育的改革和发展，为实现教育强国目标作出更大的贡献。

三、坚持研究生分类培养

本小节将从以下几个方面对“坚持研究生分类培养”进行深入探讨：坚持研究生分类培养的意义、研究生分类培养的实践与探索、研究生分类培养的成效与挑战以及坚持研究生分类培养的对策与建议。对这些内容的分析，旨在阐述坚持研究生分类培养在提高研究生培养质量、促进研究生教育发展中的重要作用。

（一）坚持研究生分类培养的意义

随着社会的快速发展和科技的不断进步，各行各业对人才的需求越来越呈现出多样化和专业化的趋势。研究生教育作为培养高层次人才的重要途径，必须紧密对接社会需求，培养出更加符合社会发展需要的高素质人才。因此，坚持研究生分类培养具有十分重要的意义。

首先，分类培养有利于提高研究生的培养质量。通过针对不同学科、不同领域的特点和需求，制订更加精细化、个性化的培养方案，可以更加有效地提升研究生的专业素养和实践能力，培养出更加符合社会需求的高层次人才。

其次，分类培养有利于促进研究生的全面发展。在传统的研究生培养模式中，往往存在重学术轻实践、重理论轻应用等倾向，导致研究生的能力结构和知识结构相对单一。分类培养则更加注重理论与实践、学术与应用的结合，有利于培养研究生的创新思维、实践能力等综合素养，促进研究生的全面发展。

最后，分类培养有利于推动研究生教育的改革和发展。随着研究生教育的不断发展，传统的培养模式已经难以适应新时代的发展需求。通过实施分类培养，可以推动研究生教育在课程设置、教学方法、培养模式等方面的改革和创新，提高研究生教育的整体水平和质量。

（二）研究生分类培养的实践与探索

学校在研究生分类培养方面进行了积极的实践与探索。首先，学校明确了分类培养的理念和目标，强调要针对不同学科、不同领域的特点和需求，制订个性化的培养方案。其次，学校加强了学科建设和师资队伍建设，为分类培养提供了坚实的学科支撑和师资保障。最后，学校注重实践教学和实践基地建设，为研究生提供了更加广阔的实践平台。

在具体的实施过程中，学校采取了以下措施。

1. 制订个性化的培养方案

针对不同学科、不同领域的特点和需求，学校制订了个性化的培养方案。例如，针对经济学、法学等学科的特点，学校注重培养学生的理论素养和研究能力；针对管理学、会计学等学科的特点，学校注重培养学生的实践能力和应用技能。通过制订个性化的培养方案，学校可以更加有效地提升研究生的专业素养和实践能力。

2. 加强学科建设和师资队伍建设

学科建设和师资队伍建设是分类培养的重要保障。学校注重学科建设和师资队伍建设，积极引进高层次人才和优秀教师，完善学科体系和师资结构。同时，学校还注重与国内外知名高校和企业的合作与交流，拓宽研究生的学术视野并为他们提供实践平台。

3. 注重实践教学和实践基地建设

实践教学和实践基地建设是分类培养的重要环节。学校注重实践教学和实践基地建设，积极与企业、行业合作，建立实践教学基地和实践教学联盟。通过实践教学和实践基地建设，学校可以为研究生提供更加广阔的实践平台和更加丰富的实践经验，提高研究生的实践能力和应用技能。

（三）研究生分类培养的成效与挑战

学校在研究生分类培养方面取得了显著成效。首先，研究生的培养质量得到了有效提升。通过分类培养，研究生的专业素养和实践能力得到了更加全面、深入的培养和提升，研究生的培养质量也得到了有效提高。其次，研究生的就业率和社会认可度得到了显著提升。分类培养使得研究生的能力结构和知识结构更加符合社会需求，研究生的就业率和社会认可度得到了显著提升。最后，研究生教育的整体水平和质量得到了有效提升。分类培养推动了研究生教育在课程设置、教学方法、培养模式等方面的改革和创新，提高了研究生教育的整体水平和质量。

然而，在实施分类培养的过程中，学校也面临一些挑战和问题。首先，分类培养需要更加精细化、个性化的管理，对管理水平和师资力量提出了更高的要求。其次，分类培养需要更加注重实践教学和实践基地建设，需要投入更多的资源和精力。最后，分类培养需要与社会需求紧密对接，需要不断拓展合作与交流渠道，提高合作与交流水平。

（四）坚持研究生分类培养的对策与建议

为了更好地坚持研究生分类培养，提高研究生的培养质量，学校可以采取以下对策与建议。

进一步完善分类培养的理念和目标。明确分类培养的核心价值和目标导向，注重理论与实践、学术与应用的结合，推动研究生的全面发展。加强学科建设和师资队伍建设。加大对学科建设和师资队伍建设的投入和支持力度，引进高层次人才和优秀教师，完善学科体系和师资结构，为分类培养提供坚实的学科支撑和师资保障。注重实践教学和实践基地建设。加强与企业、行业的合作与交流，建立更加广泛、实用的实践教学基地和实践教学联盟，为研究生提供更加广阔的实践平台和更加丰富的实践经验。

加强对研究生的个性化指导和管理。针对研究生的不同特点和需求，提供个性化的指导和管理服务，帮助研究生更好地制订学习计划和明确职业规划，提高研究生的自主学习能力和职业发展能力。不断拓展合作与交流渠道。积极与国内外知名高校和企业进行合作与交流，拓展研究生的学术视野和实践平台，提高研究生的国际竞争力和跨文化交流能力。

四、建立健全研究生培养权责机制

随着研究生教育的不断深化和改革，建立健全研究生培养权责机制已经成为提升研究生培养质量、促进研究生全面发展的重要保障。特别是在当前社会背景下，高层次人才的培养直接关系到国家的创新能力和国际竞争力，因此，构建一套科学、合理、高效的研究生培养权责机制显得尤为重要。

（一）研究生培养权责机制的内涵与重要性

研究生培养权责机制，是指在研究生培养过程中，明确各方责任主体（包括高校、导师、研究生等）的权利与义务，通过制度化、规范化的管理方式，确保研究生培养工作的顺利进行。这一机制不仅涉及研究生的学术培养，还包括研究生的思想道德教育、实践能力培养等多个方面。

建立健全研究生培养权责机制，对于提升研究生培养质量具有重要意义。首先，明确的权责划分有利于各方责任主体更好地履行自己的职责，形成协同育人的良好机制。其次，规范化的管理制度有利于保障研究生的合法权益，促进研究生的健康成长和全面发展。最后，高效的培养机制有利于提高研究生的培养效率，缩短人才培养周期，更好地满足社会对高层次人才的需求。

（二）研究生培养权责机制的构建原则

在构建研究生培养权责机制时，应遵循以下原则：

以人为本原则。尊重研究生的主体地位，关注研究生的个性发展和需求，为研究生提供良好的学习和生活环境。

权责对等原则。明确各方责任主体的权利和义务，确保权利和义务的平衡与对等。

协同育人原则。强调高校、导师、研究生等各方责任主体的协同作用，形成育人合力。

制度化、规范化原则。通过建立和完善相关管理制度和规范，确保研究生培养工作的有序进行。

（三）明确研究生培养权责机制

1. 高校的责任与权利

高校作为研究生培养的主要阵地，应承担起以下责任：制订和完善研究生培养方案和教学计划；加强学科建设和师资队伍建设；提供必要的教学资源和实践平台；加强研究生的思想政治教育和日常管理；组织开展研究生培养质量的评估和监控等。同时，高校也享有相应的权利，如招生自主权、教学管理权、学位授予权等。

2. 导师的责任与权利

导师是研究生培养的第一责任人，应承担起以下责任：对研究生进行学术指导和研究引领；关心研究生的成长和发展；加强研究生的思想政治教育和品德培养；为研究生提供必要的研究条件和实践机会等。同时，导师也享有相应的权利，如招生选择权、指导管理权、成果共享权等。

3. 研究生的责任与权利

研究生作为培养对象，应承担起以下责任：遵守学校的规章制度和管理要求；努力学习专业知识，提升研究能力；积极参与实践活动和社会服务；加强思想道德修养和品德锤炼等。同时，研究生也享有相应的权利，如学习权、知情权、参与权、申诉权等。

（四）研究生培养权责机制的实践探索

在研究生培养权责机制的实践探索中，学校积累了丰富的经验。学校通过制定和完善相关管理制度和规范，明确各方责任主体的权利和义务；加强学科建设和师资队伍建设，提升研究生的培养质量；注重实践教学和实践基地建设，提高研究生的实践能力；加强与国内外知名高校和企业的合作与交流，拓展研究生的学术视野和实践平台等措施，形成了独具特色的研究生培养权责机制。

（五）研究生培养权责机制的挑战与对策

然而，在研究生培养权责机制的实践过程中，也面临一些挑战和问题。例如，权责划分不够明确、管理制度不够完善、协同育人机制不够健全等。针对这些问题，可以采取以下对策：进一步明确各方责任主体的权利和义务，完善相关管理制度和规范；加强协同育人机制建设，形成育人合力；加强监督和评估工作，确保研究生培养工作的有序进行等。

（六）研究生培养权责机制的未来展望

随着社会的不断发展和科技的不断进步，研究生培养权责机制将迎来更加广阔的发展前景。一方面，随着国家对高层次人才的需求不断增加，研究生教育将更加注重质量和效率的提升；另一方面，随着教育信息化的不断推进和教育技术的不断创新，研究生培养方式和手段也将更加多样化和个性化。因此，建立健全研究生培养权责机制将成为未来研究生教育发展的重要趋势之一。

建立健全研究生培养权责机制是提升研究生培养质量、促进研究生全面发展的重要保障。在未来的发展中，应不断完善相关管理制度和规范，加强协同育人机制建设，推动研究生培养权责机制的深化和创新发展。

五、推进研究生学风建设

研究生教育作为高层次人才培养的重要阶段，其学风建设直接关系到研究生的培养质量和国家的创新能力。在当前社会背景下，推进研究生学风建设已经成为研究生教育综合改革的重要内容之一。学风建设不仅涉及研究生的学术道德和学术规范，还包括研究生的学习态度和学习方法等多个方面。因此，加强研究生学风建设，对于提升研究生培养质量、促进研究生全面发展具有重要意义。

（一）研究生学风建设的内涵与重要性

研究生学风建设是指通过引导、教育和管理等手段，培养研究生良好的学术道德、学术规范和学术习惯，形成积极向上的学习氛围和严谨求实的学术风气。良好的学风是研究生培养质量的重要保障，也是研究生个人成长和发展的重要基础。

加强研究生学风建设的重要性主要体现在以下几个方面。首先，有利于培养研究生的创新能力和实践能力。良好的学风能够激发研究生的学习热情和创新精神，提高研究生的实践能力和解决问题的能力。其次，有利于提升研究生的学术道德和学术规范。学术道德和学术规范是研究生从事科学研究的基本准则，加强学风建设有利于培养研究生的学术诚信和学术责任感。最后，有利于促进研究生的全面发展和成长成才。良好的学风能够为研究生提供良好的学习环境和成长平台，促进研究生发展和成长。

（二）研究生学风建设的原则与目标

在推进研究生学风建设时，应遵循以下原则。一是以人为本原则。尊重研究生的主体地位和个性发展，关注研究生的学习需求和发展需求。二是德育为先原则。注重研究生的思想政治教育和品德培养，引导研究生树立正确的世界观、人生观和价值观。三是全员参与原则。动员高校、导师、研究生等各方力量共同参与学风建设，形成全员育人的良好机制。四是持续改进原则。不断完善学风建设的相关制度和规范，推动学风建设的持续改进和发展。

研究生学风建设的目标主要包括以下几个方面。一是引导研究生树立正确的学术观念，激发研究生的学术兴趣和学术热情。二是加强研究生的学术训练和实践锻炼，提高研究生的学术素养和学术能力。三是培养研究生的学术道德和学术规范。引导研究生遵守学术道德和学术规范，树立严谨的学术态度和求实的学术风气。四是促进研究生的全面发展和成长成才。

（三）研究生学风建设的具体内容与措施

为了推进研究生学风建设，可以从以下几个方面入手。

（1）加强学术道德教育。通过开展学术道德讲座、研讨会等活动，引导研究生树立正确的学术观念和价值观，培养研究生的学术诚信和学术责任感。同时，加大对研究生学术不端行为的惩戒力度，形成有效的约束机制。

（2）完善学术规范体系。制定和完善研究生学术规范的相关制度，明确研究生的学术要求和学术标准。同时，加大对研究生学术论文的审查和把关力度，防止学术不端行为的发生。

（3）加强导师的引领作用。导师是研究生培养的第一责任人，也是研究生学风建设的重要推动者。因此，应加大对导师的培训和管理力度，提高导师的学术水平和指导能力。同时，建立导师与研究生之间的定期交流机制，及时了解研究生的学习情况和思想动态，为研究生提供有针对性的指导和帮助。

（4）营造良好的学术氛围。通过开展学术交流、学术沙龙等活动，为研究生提供展示自己才华和成果的平台，激发研究生的学术热情和创新精神。同时，鼓励研究生积极参加国内外学术会议和研讨会等活动，拓宽研究生的学术视野和交流渠道。

（5）加强课程建设和教学改革。优化研究生课程体系和教学内容，注重培养研究生的创新能力和实践能力。同时，采用多种教学方法和手段相结合的方式进行教学改革尝试，提高研究生的学习效果和学习兴趣。

（6）建立科学的评价机制。建立科学、公正、客观的研究生评价机制是推进研究生学风建设的重要保障之一。应注重对研究生综合素质的评价和考核力度的把握，避免单一评价方式带来的片面性和不公正性等问题出现。同时还应建立有效的奖惩机制来激励研究生积极参与学风建设活动并将其取得的优异成绩或突出表现等成果进行展示。

（四）研究生学风建设的挑战与对策

在推进研究生学风建设的过程中，也面临一些挑战和问题。例如，部分研究生对学术道德和学术规范的认识不足、学习态度不端正、学习方法不科学等。

加强宣传教育工作。通过开展各种形式的宣传教育活动，提高研究生对学术道德和学术规范的认识和理解程度。同时，加大对研究生学习态度和学习方法的引导和教育力度，帮助研究生树立正确的学习观念和打下扎实的方法论基础。

在推进研究生学风建设的过程中，面临的挑战和问题不容忽视。除了之前提到的部分研究生对学术道德和学术规范认识不足、学习态度不端正等问题，还存在一些深层次的挑战需要应对。

首先，研究生学风建设面临着多元化价值观的冲击。随着社会的快速发展和信息的广泛传播，研究生的思想观念和价值取向日趋多元化。一些研究生过于追求实用主义和功利主义，忽视了学术研究的本质和意义，导致学风浮躁、急功近利的现象时有发生。针对这一问题，高校应加强对研究生的价值观引导，培养研究生正确的学术价值观和学术追求，使其能够潜心研究、追求卓越。

其次，研究生学风建设还面临着学术评价体系不完善的问题。当前，一些高校对研究生的学术评价过于注重论文发表、项目申请等量化指标，而忽视了对研究生学术素养、创新能力和实践能力的培养。这种评价方式容易导致研究生过于追求短期效益，而忽视长期的学术积累和发展。因此，高校应完善学术评价体系，注重研究生的全面发展，将学术素养、创新能力、实践能力等纳入评价指标，建立科学、公正、客观的研究生评价机制。

针对上述挑战和问题，可以采取以下对策来推进研究生学风建设：

一是加强思想政治教育和品德培养。高校应重视研究生的思想政治教育和品德培养工作，通过开设相关课程、举办讲座、组织实践活动等方式，引导研究生树立正确的世界观、人生观和价值观，培养良好的学术道德和学术规范。

二是建立健全学术规范和学术诚信体系。高校应制定和完善研究生学术规范的相关制度，明确研究生的学术要求和学术标准。同时，建立健全学术诚信体系，对研究生的学术不端行为进行严厉打击和惩戒，形成有效的约束机制。

三是加强导师的队伍建设和管理。导师是研究生培养的第一责任人，也是研究生学风建设的重要推动者。高校应提高导师的学术水平和指导能力。同时，建立完善的导师考核机制，确保导师能够认真履行职责，为研究生提供良好的学术环境和指导帮助。

四是营造良好的校园文化和学术氛围。高校应注重校园文化和学术氛围的建设，通过开展各种形式的学术交流、学术竞赛、学术沙龙等活动，激发研究生的学术热情和创新精神。同时，加大对研究生学术成果的宣传和推广力度，为研究生提供更多展示自己才华和成果的平台。

五是加强与社会各界的合作与交流。高校应积极与社会各界开展合作与交流活动，了解社会对人才的需求和期望，为研究生提供更多的实践机会和就业渠道。同时，邀请社会各界人士参与研究生的培养过程，为研究生提供宝贵的实践经验和指导建议。

推进研究生学风建设是一项长期而艰巨的任务，需要高校、导师、研究生等各方共同努力，形成全员育人的良好机制。通过加强思想政治教育、完善学术规范体系、加强导师队伍建设、营造良好的校园文化和学术氛围以及加强与社会各界的合作与交流等措施，可以有效推进研究生学风建设，提高研究生的培养质量和社会竞争力。

六、加强研究生教育质量监督体系建设

随着我国研究生教育的快速发展，研究生培养质量问题日益受到社会各界的广泛关注。为了提高研究生的培养质量，保障研究生教育的健康发展，加强研究生教育质量监督体系建设显得尤为重要。本小节将从以下几

个方面对加强研究生教育质量监督体系建设进行深入探讨。

（一）研究生教育质量监督体系建设的意义

研究生教育质量监督体系是指对研究生培养全过程进行质量监督、评估和反馈的系统。它的建立旨在确保研究生培养目标的实现，提高研究生的学术水平、创新能力和实践能力，为国家和社会培养高素质、高层次的人才。加强研究生教育质量监督体系建设的意义主要体现在以下几个方面。

一是有利于保障研究生培养质量。通过建立完善的质量监督体系，可以对研究生培养的全过程进行有效的监督和评估，及时发现和解决培养过程中存在的问题，确保研究生的培养质量符合国家和社会的需求。

二是有利于促进研究生教育的改革与发展。质量监督体系不仅可以对研究生培养质量进行评估，还可以对研究生教育的改革与发展提供有力的支持和保障。通过对研究生教育的监督和评估，可以发现教育中存在的问题和不足，为研究生教育的改革和发展提供有针对性的建议和措施。

三是有利于提高研究生的社会竞争力。随着社会的快速发展和人才竞争的加剧，研究生的社会竞争力越来越受到关注。通过加强研究生教育质量监督体系建设，可以提高研究生的培养质量，增强研究生的综合素质和能力，从而提高研究生的社会竞争力。

（二）研究生教育质量监督体系建设的原则

在加强研究生教育质量监督体系建设的过程中，应遵循以下原则。

一是系统性原则。研究生教育质量监督体系应是一个系统性的工程，包括培养目标、培养过程、培养结果等环节的监督与评估。因此，在构建质量监督体系时，应注重系统性原则，确保各个环节的监督与评估相互衔接、相互支持。

二是全面性原则。研究生教育质量监督体系应涵盖研究生教育的各个方面，包括课程设置、教学质量、学术水平、创新能力、实践能力等。因此，在构建质量监督体系时，应注重全面性原则，确保各个方面的监督与评估都得到充分考虑。

三是科学性原则。研究生教育质量监督体系应建立在科学的基础之上，采用科学的方法和手段进行监督与评估。因此，在构建质量监督体系时，应注重科学性原则，确保监督与评估的结果客观、公正、准确。

四是可操作性原则。研究生教育质量监督体系应具有可操作性，能够方便地进行监督与评估工作。因此，在构建质量监督体系时，应注重可操作性原则，确保监督与评估的流程简单明了、易于实施。

（三）研究生教育质量监督体系建设的策略

在加强研究生教育质量监督体系建设的过程中，可以采取以下策略。

一是完善质量监督制度。制度是保障质量监督工作顺利开展的基础，因此，应加强质量监督制度的建设，明确质量监督的目标、任务、职责和权限，确保质量监督工作有章可循、有据可查。

二是建立多元化的评估机制。评估是质量监督的重要手段之一。应建立多元化的评估机制，包括自我评估、专家评估、社会评估等多种方式相结合，确保评估结果的客观性和公正性。同时，应注重评估结果的反馈和应用，及时将评估结果反馈给相关部门和人员，为改进研究生培养工作提供有力支持。

三是加强质量监督队伍建设。质量监督队伍是质量监督工作的主体。应加强质量监督队伍的建设，选拔具有丰富教学经验和较高学术水平的专家学者担任质量监督员，确保质量监督工作的专业性和权威性。同时，应加强对质量监督员的培训和管理，提高其监督能力和水平。

四是利用信息技术手段进行监督与评估。信息技术手段可以大大提高监督与评估的效率和准确性。应积极利用信息技术手段进行监督与评估工作，如建立研究生培养信息管理系统、开发在线评估工具等，为质量监督工作提供便捷、高效的技术支持。

（四）研究生教育质量监督体系建设的挑战与对策

在加强研究生教育质量监督体系建设的过程中，高校也面临一些挑战和问题。例如，部分高校对质量监督工作的重视程度不够、质量监督制度不完善、评估结果反馈不及时等。针对这些问题，高校可以采取以下对策。

一是提高高校对质量监督工作的重视程度。高校应充分认识到质量监督工作对于保障研究生培养质量的重要性，加大对质量监督工作的领导和管理力度，确保质量监督工作得到有效落实。

二是完善质量监督制度。高校应根据实际情况和需求完善质量监督制度，明确质量监督的目标、任务、职责和权限等内容，确保质量监督工作有章可循、有据可查。建立涵盖教学、科研、管理等多方面的质量监督体系，该体系包括定期的教学评估、课程质量评价、研究生学术成果评价等多个环节。同时，还应设立独立的质量监督机构，负责全面监督研究生教育的各个环节。引入更多元化的评价手段，如实践项目评价、创新能力评价等，新的评价手段可以更全面地反映研究生的综合素质和能力，从而更准确地评估教育质量。制定严格的监督标准和程序，确保每一个环节都得到有效的监督。对于发现的问题，应及时进行整改，并对相关责任人进行问责。建立信息公开制度，定期公布研究生教育质量监督结果，接受社会监督。根据时代发展和研究生教育的实际情况，不断调整和完善监督制度。例如，可以定期邀请行业专家、学者对教育质量监督制度进行评审，提出改进意见。同时，还要进一步明确导师在质量监督中的职责，鼓励导师积极参与质量监督工作，对于在质量监督中表现优秀的导师，给予相应的奖励和激励。

三是引入第三方评估机构。为了提高质量监督的客观性和公正性，高校可以引入第三方评估机构对研究生教育质量进行评估。这些机构可以提供更专业、更客观的评价意见，有助于高校发现自身存在的问题并进行改进。

四是加强评估结果反馈和应用工作。高校应重视评估结果的反馈和应用工作，及时将评估结果反馈给相关部门和人员，并加强评估结果的应用，将其作为改进研究生培养工作的重要依据。同时，应建立评估结果公开制度，接受社会监督，提高评估工作的透明度和公信力。

（五）研究生教育质量监督体系建设的实践探索

在加强研究生教育质量监督体系建设的实践探索中，一些高校已经取得了积极的成果。例如，某高校通过建立完善的研究生培养信息管理系统，实现了对研究生培养全过程的实时监督和评估，及时发现和解决培养过程中存在的问题，有效提高了研究生的培养质量。另外，还有一些高校通过引入第三方评估机构，对研究生培养质量进行客观、公正的评估，为改进研究生培养工作提供了有力的支持。

这些实践探索为我们提供了宝贵的经验和启示。首先，应注重信息技术在质量监督体系建设中的应用，利用信息技术手段提高监督与评估的效率和准确性。其次，应引入多元化的评估机制，确保评估结果的客观性和公正性。最后，应重视评估结果的反馈和应用工作，将其作为改进研究生培养工作的重要依据。

（六）研究生教育质量监督体系建设的未来展望

研究生教育质量监督体系建设将面临新的机遇和挑战。随着人工智能、大数据等新技术的发展和应用，质量监督工作将更加智能化、精准化。同时，随着研究生教育的不断发展和改革，质量监督工作也将面临新的要求和挑战。

为了适应新形势下的质量监督工作需求，我们应进一步加强研究生教育质量监督体系建设。首先，应完善质量监督制度和工作机制，确保质量监督工作的顺利开展。其次，应加强质量监督队伍建设和管理，提高监督能力和水平。最后，应积极探索新的质量监督模式和方法，利用新技术手段提高监督效率和准确性。

加强研究生教育质量监督体系建设是保障研究生培养质量、促进研究生教育改革与发展的重要举措。我们应充分认识到质量监督工作的重要性，遵循系统性、全面性、科学性和可操作性的原则，采取完善质量监督制度、建立多元化的评估机制、加强质量监督队伍建设、利用信息技术手段进行监督与评估等策略，不断加强研究生教育质量监督体系建设。同时，我们也应看到质量监督工作面临的挑战和问题，积极采取措施加以应对和解决。相信在各方共同努力下，我国研究生教育质量监督体系建设将不断取得新的成果和进步。

七、深化研究生教育开放合作

在全球化日益深化的今天，教育的国际化与开放合作已经成为不可逆转的趋势。特别是在研究生教育这一高端人才培养的重要阶段，开放合作显得尤为关键。通过与国际先进教育理念和资源的对接，我们可以进一步拓宽研究生的学术视野，提升其创新能力和国际竞争力。因此，本小节将重点探讨如何深化研究生教育的开放合作。

（一）研究生教育开放合作的内涵与意义

研究生教育开放合作，是指在研究生培养过程中，积极引入国际优质教育资源，鼓励和支持研究生参与国际交流与合作，以培养具有国际视野和创新能力的高层次人才。这种开放合作的模式，不仅可以为研究生提供更广阔的发展平台和机会，也有助于推动我国研究生教育的改革与发展。

具体而言，研究生教育开放合作的意义主要体现在以下几个方面：一是拓宽研究生的学术视野，使其能够接触到更广阔的学术领域和前沿研究；二是提升研究生的创新能力，通过与国际先进教育理念和方法的交流，激发研究生的创新思维和创造力；三是增强研究生的国际竞争力，培养其跨文化交流和合作的能力，为其未来参与国际竞争打下坚实基础。

（二）研究生教育开放合作的现状与挑战

近年来，我国研究生教育在开放合作方面取得了显著进展。越来越多的高校开始与国际知名大学和研究机构建立合作关系，共同开展研究生培养项目。同时，国家也出台了一系列政策措施，鼓励和支持研究生参与国际交流与合作。然而，在取得成绩的同时，我们也应看到存在的一些挑战和问题。

首先，研究生教育开放合作的广度和深度有待进一步拓展。目前，虽然一些高校已经与国际知名大学建立了合作关系，但这种合作还主要集中在少数顶尖高校和特定学科领域，覆盖面相对有限。同时，合作的深度也有待拓展，很多合作还停留在表面层次，缺乏深入、实质性的合作。

其次，研究生参与国际交流与合作的积极性有待提高。受传统教育观念、语言能力、经费支持等多种因素限制，很多研究生对于参与国际交流与合作持观望态度，缺乏积极性和主动性。

最后，研究生教育开放合作的体制机制有待完善。目前，虽然国家出台了一系列政策措施鼓励和支持研究生参与国际交流与合作，但在实际操作层面还存在一些体制机制障碍和政策落实不到位的情况。

（三）深化研究生教育开放合作的策略与措施

针对上述挑战和问题，我们可以从以下几个方面着手深化研究生教育的开放合作。

1. 拓宽合作领域和渠道

要进一步拓宽研究生教育开放合作的领域和渠道。除了传统的学术交流和研究合作，还可以探索更多形式的合作方式，如联合培养、双学位项目、短期访学等。同时，也要积极拓展合作的国家和地区，特别是与共建“一带一路”国家的合作。

2. 提升研究生参与国际交流与合作的积极性

要采取措施提升研究生参与国际交流与合作的积极性。可以通过加强宣传教育、提供语言培训、设立专项奖学金等方式来实现。同时，还要鼓励和支持研究生参加国际学术会议、发表高水平学术论文等，为其提供更多展示自己才华的平台和机会。

3. 完善开放合作的体制机制

要完善研究生教育开放合作的体制机制，包括建立健全相关政策法规、优化管理流程、加强质量监督等方面的工作。同时，还要加强与相关部门的沟通协调，形成工作合力，共同推动研究生教育的开放合作向更深层次发展。

上文探讨了如何深化研究生教育的开放合作。通过拓宽合作领域和渠道、提升研究生参与国际交流与合作的积极性以及完善开放合作的体制机制等策略措施，我们可以进一步推动研究生教育的国际化进程，提升研究生的创新能力和国际竞争力。

随着全球化进程的不断加速和科技革命的深入发展，研究生教育的开放合作将迎来更多的机遇和挑战。我们应抓住机遇，积极应对挑战，不断推动研究生教育的改革与发展。同时，还要加强与相关国家和地区的交流与合作，共同构建人类命运共同体，为世界和平与发展贡献中国智慧和力量。

八、建立以培养质量为导向的资源配置机制

研究生教育作为高层次人才培养的重要阶段，其培养质量直接关系到国家的创新能力和国际竞争力。为了提高研究生培养质量，必须建立以培养质量为导向的资源配置机制，确保教育资源朝优质、高效、创新的方向流动。

（一）培养质量与资源配置的内在联系

培养质量是研究生教育的生命线，资源配置则是保障培养质量的重要手段。在研究生教育过程中，无论是师资队伍建设、科研条件改善，还是课程建设、学术交流等，都需要投入大量的资源。只有建立以培养质量为

导向的资源配置机制，才能确保这些资源得到合理、高效的利用，从而推动研究生培养质量的不断提升。

（二）当前资源配置机制存在的问题

当前，研究生教育资源配置机制仍存在一些问题。首先，资源配置不够均衡，一些高校和学科领域得到的资源较多，一些地方高校和冷门学科则面临资源短缺的困境。其次，资源配置不够科学，往往以规模和数量为导向，而忽视了质量和效益。最后，资源配置缺乏动态调整机制，无法及时适应研究生教育发展的新需求和新变化。

（三）建立以培养质量为导向的资源配置机制的策略

为了解决上述问题，我们需要从以下几个方面着手建立以培养质量为导向的资源配置机制。

首先，要明确资源配置的目标是提高研究生培养质量，而不是简单地扩大规模或增加数量。要坚持公平、公正、公开的原则，确保资源分配过程透明、合理。要注重质量和效益，将资源优先投向那些能够产生高质量成果和高效益的领域和项目。

其次，要完善资源配置的方式和手段。可以采用项目制、竞争性分配等方式，鼓励高校和学科领域之间进行良性竞争，争取更多的资源支持。同时，还可以利用信息技术手段，建立资源共享平台，促进资源的高效利用和共享。

最后，要建立动态调整机制，根据研究生教育发展的新需求和新变化及时调整资源配置策略。可以定期进行评估和审计，精简或调整那些投入产出比低、效益不明显的项目，将资源投向更有潜力和发展前景的领域和项目。

（四）以培养质量为导向的资源配置机制的实践探索

为了更深入地理解如何建立以培养质量为导向的资源配置机制，下文将通过分析实践探索来总结经验教训和启示意义。

在研究生教育资源配置过程中，坚持以绩效为导向，将资源分配与学科评估、科研成果、教学质量等紧密挂钩。通过设立绩效奖励基金、优秀学科建设基金等方式，鼓励和支持那些在教学、科研、社会服务等方面取得突出成绩的学科和团队。这种以绩效为导向的资源配置方式，有效地激发了学科和团队的积极性和创造力，推动了研究生培养质量的不断提升。

针对研究生教育资源分布不均、利用效率不高的问题，建立了研究生教育资源共享平台。通过该平台，高校和学科领域之间可以实现资源共享、优势互补，提高资源的利用效率和效益。同时，该平台还提供了在线课程、学术交流、科研合作等多种功能，为研究生提供了更广阔的学习和发展空间。这种共享平台的建设，不仅促进了资源的均衡分布和高效利用，还有利于推动研究生教育的开放合作和创新发展。

通过明确资源配置的目标和原则、完善资源配置的方式和手段、建立动态调整机制等策略措施，可以推动研究生教育资源的合理、高效利用，提高研究生培养质量。

随着研究生教育的不断发展和改革的深入推进，以培养质量为导向的资源配置机制将发挥更加重要的作用。我们应继续加强理论与实践的探索，不断完善和优化资源配置机制，为研究生教育的持续健康发展提供有力保障。同时，还应加强与相关国家和地区的交流与合作，共同推动研究生教育的全球化、信息化和创新化发展，为构建人类命运共同体贡献中国智慧和力量。

九、八项举措的逻辑关系

在研究生教育综合改革的宏大蓝图中，河南财经政法大学共采取了八项举措，在推进研究生招生制度改革、加强研究生课程建设、坚持研究生分类培养、建立健全研究生培养权责机制、推进研究生学风建设、加强教育质量监督体系建设、深化研究生教育开放合作和建立以培养质量为导向的资源配置机制等八个方面分别施策，全面推进综合改革。八项举措构成了全面提升专业学位研究生培养质量的核心策略。它们相互关联、相互支撑，共同构成了一个系统完整、协同高效的改革体系。下文将详细剖析这八项举措的逻辑关系，以期更深入地理解其内在联系和整体效应。

招生制度改革是研究生教育综合改革的首要环节，其目标在于通过复试分类考核等方式，切实提高研究生生源质量。这一改革举措为后续的培养环节奠定了坚实的基础。优质的生源是高质量研究生培养的前提，因此，招生制度改革对于整个研究生教育综合改革具有至关重要的意义。通过招生制度改革，学校能够选拔出具有创新精神、实践能力和发展潜力的优秀学生，为专业学位研究生教育提供源源不断的优质生源。同时，这也有助于形成良好的学术氛围和竞争机制，激励学生不断提升自我、追求卓越。

课程建设是研究生教育综合改革的重要组成部分，其目标在于通过推进课程思政建设、努力提高课程对研究生培养的贡献力等方式，夯实研究生的知识基础并优化能力结构。课程建设不仅关系到研究生培养的质量，还直接影响到研究生的综合素质和未来发展。在学校，课程建设注重理论与实践相结合、知识与能力并重。通过优化课程体系、更新教学内容、创新教学方法等手段，全面提升课程质量，为研究生提供更加丰富、多样、前沿的知识资源和学习体验。这不仅有助于培养研究生的专业素养和实践能力，还能促进其全面发展，为其未来职业生涯奠定坚实基础。

分类培养是研究生教育综合改革的又一重要举措，其目标在于通过多段考核、及时分流等方式，形成多元多目标的人才培养格局。这一举措有助于满足不同领域、不同行业对高层次人才的需求，提高研究生教育的针对性和实效性。学校在分类培养方面注重因材施教、个性化发展。通过设置不同的培养方向、制订个性化的培养方案、提供多样化的实践机会等方式，充分激发研究生的学习兴趣和潜能，培养其创新意识和实践能力。这不仅能够提升研究生的综合素质和竞争力，还能为社会输送更多优秀的高层次人才。

建立健全研究生培养权责机制是研究生教育综合改革的重要保障，其目标在于通过完善动态调整机制等方式，切实提升导师育人能力。导师是研究生培养的第一责任人，其育人能力和水平直接关系到研究生的培养质量。学校在权责机制建设方面注重明确导师职责、加强导师培训、完善导师评价等措施。通过建立健全导师遴选、考核、奖惩等制度，形成有效的激励和约束机制，促使导师更加关注研究生的全面发展，提升其指导能力和育人水平。这不仅能够保障研究生的培养质量，还能促进导师队伍的建设和发展。

推进学风建设是研究生教育综合改革的重要内容之一，其目标在于通过加强学术道德教育等方式，营造学校浓厚的学术氛围。良好的学风是研究生培养质量的重要保证，也是高校学术文化的重要体现。学校在学风建设方面注重加强学术规范教育、严肃学术纪律、倡导学术诚信等。通过开展丰富多彩的学术活动、搭建学术交流平台、鼓励研究生参与科研项目等方式，培养研究生的学术兴趣和创新精神，提升其学术素养和研究能力。这不仅能够促进研究生的全面发展，还能为高校的学术繁荣和创新发展作出贡献。

加强研究生教育质量监督体系建设是研究生教育综合改革的重要保障措施之一，其目标在于通过建立动态调整的考核评估机制等方式，推进校内评估和校外监督评价机制建设，保障研究生培养质量。质量监督体系是研究生培养过程中的重要环节，对于及时发现和解决问题、提升培养质量具有重要意义。学校在质量监督体系建设方面注重建立健全内部质量保证体系和外部质量监督机制。通过完善研究生培养过程管理、加强研究生培养质量监测、开展研究生培养质量评估等措施，形成全方位、多层次的质量监督体系，确保研究生培养质量的稳步提升。

深化研究生教育开放合作是研究生教育综合改革的重要战略选择，其目标在于通过努力提升校内外合作活跃度等方式，提高研究生教育水平。开放合作不仅能够引进优质教育资源、拓宽研究生培养渠道，还能促进高校之间的交流与合作、提升高校的整体实力和国际影响力。学校在深化开放合作方面注重加强校企合作、推进“产学研”一体化发展、拓展国际合作与交流等措施。通过与企业、科研机构等建立紧密的合作关系、共同开展科研项目、互派访问学者等方式，实现资源共享、优势互补，提升专业学位研究生教育的质量和水平。

建立以培养质量为导向的资源配置机制是研究生教育综合改革的最后一项重要举措，其目标在于通过整合盘活校内外资源等方式，全力促进研究生成长成才，推进学校研究生教育进一步发展。资源配置机制建设对于优化教育资源分配、提高教育资源利用效率具有重要意义。学校在资源配置机制建设方面注重以培养质量为导向，坚持公平与效率相结合的原则，合理配置教育资源。通过完善研究生教育经费投入机制、建立研究生奖助体系、优化研究生教育资源配置等措施，激发研究生的学习动力和创新活力，提升其培养质量和综合素质。

在学校的研究生教育综合改革中，八项举措相互关联、相互促进，共同构成了一个系统完备、科学规范、运行有效的研究生教育综合改革体系。每一项举措都针对研究生培养过程中的关键环节和重要问题，旨在提升研究生培养的整体水平和综合效益。首先，招生制度改革为整个研究生教育综合改革奠定了优质的生源基础，确保了后续培养环节的有效开展。其次，课程建设和分类培养夯实了研究生的知识基础并优化了其能力结构，为其未来发展奠定了坚实基础。再次，权责机制建设和学风建设提升了导师的育人能力和研究生的学术素养，为培养高质量的研究生提供了有力保障。又次，质量监督体系建设和开放合作促进了研究生培养质量的稳步提升和研究生教育水平的不断提高。最后，资源配置机制建设优化了教育资源分配，提高了教育资源利用效率，为研究生的成长成才提供了有力支持。

学校通过实施八项举措，形成了全方位、多层次、立体化的研究生教育综合改革格局。这不仅有助于提升研究生的培养质量和综合素质，还能促进高校的学术繁荣和创新发展，为国家和地方经济社会发展提供强有力的人才支撑和智力支持。此外，也为其他高校开展研究生教育综合改革提供了有益的借鉴和参考。

第五章

基本情况与问题分析

第一节　存在的主要问题

与其他同类高校相比，河南财经政法大学在研究生培养质量提升与内涵发展方面仍存在差距，高层次应用型高级人才培养的问题更加突出，资源投入不足，培养条件受限，对优质生源吸引力不够，培养模式活力不足，科研创新能力欠缺，人才培养质量与社会需求匹配度不高，与新时期研究生教育发展需求相比，仍存在一定的差距，具体从以下几个方面分析。

一、“教书”与“育人”的同频共振薄弱

研究生思想政治教育是通过思想政治理论课程和文化活动等方式，培养和践行社会主义核心价值观，增强学生的社会责任感和担当精神，全面提高研究生的责任意识和素质，夯实社会主义核心价值观的根基，引导学生树立正确的世界观、人生观和价值观，增强学生的实践精神和创新意识。当前，一是研究生培养中仍存在思政引领作用不突出，成效不明显的问题，教书与育人的融合度有待进一步提升。按照国家相关规定，虽然足额开设了相关思政课程，但存在思政课程质量不优、思政元素融入度不够等问题。社会主义核心价值观教育有待继续加强，对家国情怀和社会责任感的教育有待进一步强化，对社会主义核心价值观的认知度仍需提升。二是文化活动的“量”与“质”不足，抓住重大政治事件，讲授重大政治文献，开展社会实践活动，持续的理论研究存在短板，通过文化活动激发研

究生在实践探索中体现价值的成效不明显。三是科研训练和价值塑造有待进一步融合，加大在科研团队组建、学术讲座、学术活动、科研训练项目中的中国优秀传统文化、社会主义先进文化滋养力度，营造浓厚的学术氛围，激发学生科研兴趣，播下学术种子。

在当前国际国内形势的深刻变化下，研究生教育作为高层次人才培养的重要渠道，其重要性不言而喻。然而，在实际的研究生培养过程中，我们不难发现，“教书”与“育人”的同频共振仍然薄弱，这在一定程度上制约了研究生教育质量的提升。

（一）研究生培养中思政引领作用不突出

思政课程是高等教育的重要组成部分，对于培养研究生的世界观、人生观和价值观具有重要意义。然而，在实际的教学过程中，由于种种原因，思政课程的引领作用并未得到充分发挥。一方面，部分研究生对思政课程的重要性认识不足，学习态度不够端正；另一方面，一些教师的教学方法和手段相对单一，难以激发学生的学习兴趣。因此，如何加强思政课程的引领作用，提高研究生的思想政治素质，是当前研究生教育面临的重要课题。

（二）文化活动的“量”与“质”不足

文化活动是研究生培养过程中的重要环节，对于提高学生的综合素质、培养学生的创新能力和实践能力具有重要作用。然而，在实际的研究生培养过程中，文化活动的数量和质量往往难以满足学生的需求。一方面，由于研究生学业压力大、时间紧张，参与文化活动的机会有限；另一方面，一些文化活动的内容和形式相对单一，缺乏吸引力和影响力。因此，如何增加文化活动的数量、提高文化活动的质量，是当前研究生教育需要解决的问题。

（三）科研训练和价值塑造有待进一步融合

科研训练是研究生培养的核心内容之一，对于提高学生的科研能力和创新能力具有重要作用。然而，在实际的科研训练过程中，往往过于注重科研成果的产出，而忽视了对学生的价值塑造。一些研究生在科研过程中存在急功近利、抄袭剽窃等不良行为，这不仅影响了科研成果的质量，也损害了学生的学术声誉。因此，如何将科研训练和价值塑造有机结合起来，是当前研究生教育需要深入思考的问题。

针对以上问题，我们需要从以下几个方面着手解决。

1. 加强思政课程的引领作用

提高研究生对思政课程重要性的认识，引导他们树立正确的世界观、人生观和价值观；改进教学方法和手段，采用案例教学、互动教学等多样化的教学方式，激发学生的学习兴趣和积极性。同时，还可以邀请相关领域的专家学者进行授课或讲座，拓宽学生的视野和知识面。

2. 增加文化活动的数量和提高质量

鼓励和支持研究生积极参与各类文化活动，如学术讲座、文艺比赛、社会实践等，丰富他们的课余生活；注重文化活动的质量和效果，根据学生的需求和兴趣设计活动内容和形式，增强活动的吸引力和影响力。同时，还可以加强与校外文化机构的合作与交流，引导优质文化资源进校园。

3. 促进科研训练和价值塑造的有机融合

引导学生树立正确的科研观念和价值观，强调科研诚信和学术道德的重要性；注重科研过程的培养和训练，鼓励学生积极参与科研项目和实践活动，提高他们的科研能力和创新能力。同时，还要加强对学生的学术规范和学术道德教育，防范和惩治学术不端行为。

“教书”与“育人”的同频共振是提升研究生教育质量的关键所在。只有做好加强思政课程的引领作用、增加和提高文化活动的数量和质量、促进科研训练和价值塑造的有机融合等方面的工作，才能培养出更多德才兼备、全面发展的高层次人才，为国家和社会的发展作出更大的贡献。

二、“平台”对“创新”的支撑不够

创新能力，更多指的是研究生运用所学知识提出问题、分析问题，并具有创造性解决问题的关键能力，是研究生具有创新意识、科学思维、创新精神的综合素养的体现。专业学位研究生的创新能力培养离不开高校的平台支撑作用，当前，学校的平台支撑能力薄弱，表现在以下几个方面。一是科研对专业学位研究生的创新能力培养支撑度不够。最新的科研成果不能及时呈现在研究生的培养中，比如研究生课程教学中体现度不够，相关课程数量少，课程内容陈旧，课程体系对研究生科研和职业发展需求支撑不足，必要的行业专业知识在课程体系中缺失。专业学位研究生参与科研项目的积极性不高，导师主动引导专业学位研究生参与科研项目的力度不够，研究生参与国家、地方经济发展的重要科研项目比例较低，高水平创新成果产出少，对科技前沿、关键领域的把握能力不足，学术志趣、创新意识、批判性思维和独立思考能力不活跃，综合素质和学术视野有待提升和拓宽。二是研究生的创新能力培养机制不健全，在课程学习、学分认定、成果转化、创新创业和奖励激励等方面的制度有待完善。三是科研经费在研究生教育方面投入少，对研究生教育规律研究与实践的人力、物力、财力投入不足，研究生生活条件和津贴待遇有待提升，对研究生参与高水平科研项目的资助力度不够，对高水平学术论文的奖励力度不够。

创新是推动研究生教育持续发展的核心动力，平台则是创新得以实现的重要基础。然而，在实际的研究生教育中，我们常常发现“平台”对“创新”的支撑并不够，这主要表现在以下几个方面。

（一）科研对专业学位研究生的创新能力培养支撑度不够

科研是培养研究生创新能力的重要途径，但在实际操作中，我们发现科研对专业学位研究生的创新能力培养支撑度并不够。这主要表现在以下几个方面。

首先，科研项目与专业学位研究生培养需求之间存在一定的脱节。许多科研项目更侧重于理论研究和基础研究，而专业学位研究生更需要的是应用研究和创新实践。这种脱节导致科研项目无法为专业学位研究生提供足够的创新实践机会，从而影响了对其创新能力的培养。

其次，科研团队的专业素养和创新能力有待提高。科研团队是研究生进行创新实践的重要依托，但一些科研团队在专业素养和创新能力方面存在一定的不足。这导致科研团队无法为研究生提供有效的指导和支持，甚至可能对其创新实践产生负面影响。

最后，科研成果的转化和应用不足。科研成果的转化和应用是衡量科研价值的重要标准，也是培养研究生创新能力的重要环节。然而，一些科研成果由于缺乏有效的转化和应用机制，导致其无法为研究生提供足够的创新实践机会，从而影响了其创新能力的提升。

为了解决上述问题，我们需要从以下几个方面入手：一是加强科研项目与专业学位研究生培养需求的对接，确保科研项目能够为研究生提供足够的创新实践机会；二是提高科研团队的专业素养和创新能力，确保其能够为研究生提供有效的指导和支持；三是加强科研成果的转化和应用，确保其能够为研究生提供足够的创新实践机会并推动其创新能力的提升。

（二）研究生的创新能力培养机制不健全

创新能力的培养需要健全的机制作为保障，然而在实际的研究生教育中，我们发现研究生的创新能力培养机制并不健全。这主要表现在以下几个方面。

首先，缺乏完善的创新能力培养课程体系。课程体系是培养研究生创新能力的重要基础，但一些高校在课程设置上过于注重理论知识和基础知识的传授，而忽视了对研究生创新能力的培养。这导致研究生在创新能力方面存在一定的欠缺。

其次，缺乏有效的创新能力培养实践环节。实践是培养研究生创新能力的重要途径，但一些高校在实践环节上缺乏有效的设计和实施。这导致研究生无法在实践中得到有效的锻炼和提升，从而影响了其创新能力的培养。

最后，缺乏科学的创新能力培养评价体系。评价体系是衡量研究生创新能力的重要标准，也是引导其创新能力发展的重要导向。然而，一些高校在评价体系上过于注重学术成果和学术水平，而忽视了对研究生创新能力的评价。这导致研究生在提升创新能力方面无法得到有效的激励和引导。

为了解决上述问题，我们需要从以下几个方面入手：一是完善创新能力培养课程体系，确保课程设置能够兼顾理论知识和创新能力的培养；二是加强创新能力培养实践环节的设计和实施，确保研究生能够在实践中得到有效的锻炼和提升；三是建立科学的创新能力培养评价体系，确保评价体系能够兼顾学术成果和创新能力的评价，并引导研究生注重自身创新能力的提升。

（三）科研经费在研究生教育方面的投入少

科研经费是支持研究生进行创新实践的重要保障，但在实际的研究生教育中，我们发现科研经费在研究生教育方面的投入并不足够。这主要表现在以下几个方面。

首先，科研经费的投入总量不足。随着科研竞争的加剧和科研成本的不断上升，许多高校在科研经费的投入上面临着巨大的压力。这导致一些高校无法为研究生提供足够的科研经费支持，从而影响了其创新实践的开展和创新能力的提升。

其次，科研经费的分配机制不合理。一些高校在科研经费的分配上存在“重科研轻教学”的倾向，导致教学经费被大量挤占。这不仅影响了教学质量的提升，也影响了研究生创新实践的开展和创新能力的提升。

最后，科研经费的使用效率不高。一些高校在科研经费的使用上存在管理不规范、使用不透明等问题，导致科研经费的使用效率不高。这不仅浪费了宝贵的科研资源，也影响了研究生创新实践的开展和创新能力的提升。

为了解决上述问题，我们需要从以下几个方面入手：一是增加科研经费的投入总量，确保高校能够为研究生提供足够的科研经费支持；二是改革科研经费的分配机制，确保教学经费和科研经费能够得到合理的分配和使用；三是加强科研经费的管理和监督，确保其使用效率和透明度，为研究生创新实践的开展和创新能力的提升提供有力保障。

“平台”对“创新”的支撑不够是当前研究生教育中存在的一个重要问题。为了解决这个问题，我们需要从科研对专业学位研究生的创新能力培养支撑度、研究生的创新能力培养机制以及科研经费在研究生教育方面的投入等入手，加强改革和建设，为研究生创新能力的提升创造更好的条件和环境。同时，我们也需要认识到这个问题的复杂性和长期性，需要持续不断地努力才能取得实质性的进展和成效。

三、“行业”与“高校”的协同育人松散

专业学位研究生在培养过程中要充分发挥企业、政府等外部力量的作用，为了更好地达成专业学位研究生的培养目标，培养研究生具备无缝适应行业要求的专业素养，行业的重要作用无可替代。目前的专业学位研究生培养模式较陈旧，简单照搬学术学位研究生的培养模式，在培养目标定位、过程控制、质量评价、学位授予等各环节，未能充分发挥行业作用。学校与行业在人才培养和各方需求不匹配，各方利益难以协调统一，产教融合合作模式和机制不适应，实质性交叉融合少。校企联合培养协同育人机制不灵活，不健全，不能充分调动导师、学生和企业的积极性，校企双导师制执行松散，存在“两张皮”的现象。一是校内导师对研究生的实践创新、科研训练等环节的参与度不够，未能充分发挥校内导师的主导作用，责任心不强。二是校外导师仅注重导师头衔，而对研究生的指导浮于表面，限于应付，对研究生的实践创新训练、论文选题的指导不及时、不到位，积极性不高。三是行业参与人才培养的积极性不高，难以从研究生

培养中获取直接利益，人才培养的责任心不强。

在当前研究生教育体系中，“行业”与“高校”的协同育人存在一定的松散性，这在一定程度上影响了研究生教育的质量和效果。为了解决这个问题，我们需要从校内外导师的协同、行业参与度以及培养机制的完善三个方面进行深入分析和改进。

（一）校内外导师的协同

1. 校内导师的角色和责任

校内导师在研究生培养过程中起着至关重要的作用，但目前存在的问题是部分校内导师的参与度不够，未能充分发挥主导和引领作用。责任心不强表现在对研究生的实践创新、科研训练等环节的关注不足，缺乏积极主动的指导和推动。

解决这一问题需要加强校内导师的责任意识，明确他们在研究生教育中的关键地位。需要通过制度建设，如绩效考评、职称评定等方式，将校内导师对研究生的指导工作纳入评价体系，从而激发校内导师的积极性和主动性。

2. 校外导师的参与和贡献

校外导师通常拥有丰富的行业经验和实践知识，对研究生的实践创新能力培养至关重要。然而，当前一些校外导师可能仅注重导师头衔而忽视了实际指导工作，对研究生的实践创新训练和论文选题等方面的指导不及时、不到位。

为提高校外导师的参与度和贡献度，高校应建立更为有效的激励和评价机制，确保校外导师能积极参与研究生培养过程。同时，高校应加强与行业的联系，确保校外导师具有足够的实力和资源支持研究生教育。

（二）行业参与度

目前，行业对参与研究生教育的积极性不高，主要原因是行业难以从研究生培养中获得直接的经济或其他形式的利益，导致人才培养的责任心不强。

提高行业参与的积极性，可以从以下几个方面入手：首先，高校需要与行业共同探讨研究生教育的模式，制订符合行业需求的培养计划，使企业能够在研究生培养过程中发挥更大的作用；其次，高校可以通过建立行业实习基地、联合研发中心等方式，让行业能够直接参与研究生的实践教学和科研项目，实现互利共赢；最后，高校可以通过政策引导和激励，鼓励行业投入更多资源参与研究生教育，例如财政补贴、税收减免等措施，激发行业的责任心和积极性。

（三）培养机制的完善

为了提高“行业”与“高校”的协同育人效果，需要从培养机制本身进行优化和完善。这包括构建多元化的研究生培养模式，结合线上线下、理论与实践、国内外的多元培养路径。同时，建立灵活的学制和学分体系，允许研究生根据自身情况和职业规划，选择合适的学习和研究方向。

此外，还需要建立更为有效的监督和评价机制，对研究生的学习成果、实践能力和创新能力进行全面评价，确保培养质量。同时，加强对研究生培养全过程的跟踪反馈机制，及时调整培养策略和内容，确保培养目标的实现。

因此，“行业”与“高校”的协同育人需要在校内外导师的有效协同、提高行业参与度及完善培养机制等方面进行综合施策。通过这些措施，可以有效促进研究生教育质量的提升，培养出更多符合社会和行业需求的高质量人才。

四、“导师”对“研究生”的全方位指导不够

研究生导师是我国研究生培养的关键力量，是研究生培养的第一责任人，肩负着培养国家高层次创新人才的使命与重任。当前，研究生导师队伍中还存在育人意识不强、学术水平不够、学习能力不足等方面的问题。

一是对立德树人根本任务理解有待深化，强化导师是研究生培养的第一责任人意识。加大导师树人能力建设力度，关键要增强导师育人责任意识，清楚“师者”的基本任务，能够坚持因材施教的方针，善于制订个性化培养方案，注重学生的心智教育培养，帮助学生更好地成才发展，而不是视其为完成科研项目的“工具”。二是师德师风建设有待进一步加强。从意识形态、学术规范、招生考试、科研指导、师生关系等方面严格规定导师不得违反的“底线”行为。建立导师违反职业道德规范的情况报告制度和追责制度，不回避、不遮掩、不包庇、不护短，时刻为导师师德师风建设敲响警钟。三是自身在产教融合方面的指导能力需加强。要提升导师导学水平，通过不断自我加压，养成自觉的专业知识学习习惯和自主的前沿技术追踪水平，不断提升指导研究生自主学习的能力；要加强导师导研能力，使其能够主动面向国内外学术前沿，聚焦前沿技术和核心技术创新，自觉适应国家社会经济发展需要，提高交叉学科研究意识和能力，不断提升指导研究生科学研究的水平。持续加强“德育为先、创新为要、能力为重、全面发展”的育人理念，实施全方位立德树人措施。改变研究生导师存在只用不导的现象，没有把人才培养放在第一位，对育人责任认识不足，研究生参与导师教学科研和人才培养的目标不统一，第一责任人认识不到位。

在当前高等教育体系中，导师对研究生的全方位指导显得尤为关键。这种指导不应仅限于学术研究的辅导，还应包括对研究生综合素质的培养、职业规划的指导以及对社会责任感和人文情怀的培育。然而，从现实情况来看，导师在这几方面的指导存在一定的不足，主要体现在对立德树人根本任务的理解不够深入、师德师风建设有待加强以及在产教融合方面的指导能力需进一步提升上。

（一）对立德树人根本任务的理解不够深入

立德树人是高等教育的根本任务，要求高校教育不仅教会学生“知”，更教会学生“行”。这要求导师不仅是学术研究的引领者，更是学生思想政治教育的重要承担者。然而，当前部分导师对此任务的认识还停留在传授知识的层面，忽视了对学生思想品德的塑造和价值观的引导。导师应将立德树人的要求融入日常的教学和科研指导中，通过科研实践、学术讨论等形式，引导学生树立正确的世界观、人生观和价值观。

（二）师德师风建设有待加强

师德师风是高校教师队伍建设的灵魂，是立德树人任务的重要保证。良好的师德师风不仅能够直接影响学生的成长和发展，还能够为学生树立正确的榜样。然而，一些导师在师德师风建设方面存在不足，如学术不端、对待学生不公等现象时有发生，这不仅损害了学生的利益，也破坏了教育环境。因此，需要通过加强教育、完善制度、严格考核等措施，加强导师的师德师风建设，确保导师以身作则，传道授业解惑。

（三）在产教融合方面的指导能力需进一步提升

随着社会对高层次应用型人才需求的增加，产教融合成为高等教育改革的重要方向。导师在这一过程中扮演着至关重要的角色，需要将产业前沿技术、企业实际需求与研究生教育紧密结合起来，为学生提供接触实际、解决实际问题的能力。但现状是，一些导师由于长期处于学术环境中，对产业界的了解不足，难以为学生提供有效的产教融合指导。这就要求导师加强与企业的交流合作，更新知识结构，提升自身的产教融合指导能力。

五、“评价监督”与“需求”的适配程度偏低

评价体系是研究生教育培养的指挥棒，主要包括对导师的评价和对学生的评价两方面。要深化导师管理体制改革，以破除唯分数、唯升学、唯文凭、唯论文、唯帽子等“五唯”为导向，完善导师考核评级激励机制。打破导师终身制，建立常态化的考核与调整机制，将导师的评价结果作为研究生招生指标分配、岗位分级聘任以及荣誉奖励评选的重要参考依据，

逐步消除一定程度存在的功利性现象。同时，对于在研究生培养过程中失责缺位的导师，根据问题的严重程度采取谈话、减招、停招以及取消导师资格等措施，彻底改变导师在研究生教育培养过程中重招生轻培养、重项目轻指导等不良现象。要科学构建研究生培养质量评价指标，结合专业学位、学术学位两类研究生培养要求，从生源质量、课程体系、论文水平等方面构建科学的研究生培养质量评价体系，为推动研究生分类教育培养改革提供参考依据，不断优化研究生教育培养模式和方法，最终实现研究生培养质量和水平的提升。学位授予标准的针对性、科学性不足，未根据学科专业特点确立精准评价标准和方式，不同类型学位成果评价标准与“注重质量、多元评价”还有差距，小同行评审制度有待完善。优秀学位成果奖励机制和创新性研究资助机制不完善，不利于引导研究生潜心开展高水平创新性研究。

要实现研究生教育质量的全面提升，对研究生的评价体系也需进行深度优化，确保评价机制与社会需求、学科发展同步进化。目前，研究生教育评价过程中存在的一个重要问题是评价指标与时代需求及行业发展之间的适配程度偏低，这在一定程度上限制了研究生教育质量的进一步提升和创新能力的培育。

（一）研究生的评价体系需要进一步细化与多元化

突破传统的以论文发表为主要评价标准的模式。应充分考虑各学科特点和社会需求，引入创新能力、实践能力、团队协作和社会责任等多维度评价指标。这不仅有利于激发研究生的创新精神和实践热情，也有助于培养更加适应社会需求的高层次人才。

（二）建立动态调整的评价指标体系

随着社会需求和科技发展的变化，及时更新评价指标和方法，确保评价体系始终保持时代性和前瞻性。例如，随着大数据、人工智能等新兴技术的发展，相应引入这些领域的创新能力评价，对于促进学科交叉融合，培养复合型人才具有重要意义。

（三）完善学位论文的评价机制

实施多元化、开放式的评审机制，如引入行业专家参与论文评审，建立校际间的互评机制，提高学位论文评价的客观性和公正性。鼓励学生参与科研项目、学术竞赛、社会实践等，并将取得的成果作为评价研究生综合素质的重要依据。加强对研究生个性化成长路径的引导与评价，重视个体差异，允许研究生根据自身兴趣和职业规划选择不同的成长路径。为此，高校应提供丰富多彩的选修课程、实习实训、创新创业项目等，构建多样的教育环境，支持研究生探索多元化的成长路径。

（四）建立完善的反馈机制

及时收集研究生、导师、用人单位及社会各界对研究生教育评价体系的反馈意见，定期进行评价指标的修订和优化。高校应定期发布研究生教育质量报告，公开、透明地展示教育质量改进的成果和存在的问题，促进内部管理和外部监督的有效结合。

六、“合作”与“共赢”推进缓慢

专业学位研究生需要构建多学科的知识体系，需要培养多方面的能力和素质，为此需要为他们开设不同学科的课程，需要提供校内校外的学习环境，需要校内校外导师从不同角度进行指导。但目前由于培养理念、师资队伍、培养环境和条件、“产学研”合作等方面存在不足，在专业学位研究生培养中，尽管采用双导师制，校内导师负责思想政治教育、专业指导和日常管理，校外导师负责实践方面的指导，但主要仍由校内导师进行培养，仍采用单一主体的培养模式。如何通过校校之间、校企之间、多学科之间、校内外导师之间的合作实现多主体协同培养专业学位研究生，还有待深入探索和实践。同时，创新研究生培养模式是高校研究生培养的重大课题，吸纳校内外优质资源用于研究生培养是激活内生动力、创新培养模式、提高培养质量的重要途径。

尽管我们已经在专业学位研究生的培养上付出了一定的努力，但显然远远不够。专业学位研究生的培养，需要更加深入地挖掘和利用校内外各种优质资源，打破传统单一主体的培养模式，实现多主体协同培养。只有这样，我们才能真正提升专业学位研究生的培养质量，让他们在未来的职业生涯中更好地发挥作用。

（一）制度建设需加强

我们现有的很多管理制度和评价机制都是在过去那种相对封闭、单一的培养模式下建立起来的，与当下要求的开放式、协同式培养新模式存在不小的冲突。这就要求我们必须下大力气对现行制度进行全面的梳理和重构。例如，在校内外导师的选拔和聘任上，我们可以尝试打破传统的“身份”壁垒，更多地引入市场化和竞争性的元素，只要是对学生成长有利、对学校发展有益的资源，就应该不拘一格地加以利用。同时，我们也要在制度设计上预留足够的空间和弹性，允许并鼓励各培养单位根据实际情况进行灵活调整和创新尝试。

（二）实践层面需进一步深入

首先要做的是拓展联合培养的渠道和形式。除了与企业、其他高校进行合作，我们还可以将眼光放得更长远一些，比如与国际知名学府开展交流与合作，引入其先进的培养理念和模式；又如与科研机构、行业协会等建立紧密联系，利用其独特的资源优势为我们的学生提供更丰富的实践平台。此外，还可以尝试在校内打造一个跨学科的培养平台，鼓励学生进行跨专业、跨领域的学习和研究，以培养他们更为全面和多元的能力和素养。

然而，当前学校在联合培养研究生方面还处于起步阶段。尽管前期进行过一些探索，但收效甚微。其中的原因，既有理念上的落后，也有实践上的不足。我们过于依赖校内导师的培养，而忽视了校外导师、企业、其他高校等多方的作用。此外，我们在“产学研”合作方面也存在明显的短板，无法有效地将理论研究与实践应用结合起来。

为了改变这一现状，我们需要从以下几个方面着手解决。

首先，要更新培养理念。我们要明确，专业学位研究生的培养不仅仅是校内导师的责任，还需要校外多方共同参与。我们要打破传统的“象牙塔”思维，积极引入校外优质资源，为研究生提供更广阔的学习和实践平台。

其次，要加强“产学研”合作。我们要主动与企业、行业协会、研究机构等建立紧密的合作关系，共同制订培养计划，共同开发课程，共同指导研究生。通过“产学研”合作，我们可以将最新的行业动态、技术趋势等引入课堂，让研究生在学习过程中就能接触到实际的工作环境。

再次，要完善多主体协同培养机制。我们要建立健全校内外导师互聘、研究生互派、课程互选、学分互认等制度，为多主体协同培养提供制度保障。同时，我们还要建立有效的沟通协调机制，确保各方在培养过程中能够密切配合，形成合力。

最后，要加强评估和反馈。我们要定期对研究生联合培养工作进行评估，及时发现问题和不足，并采取相应的措施改进。同时，我们还要建立畅通的反馈渠道，听取研究生、导师、企业等各方的意见和建议，不断完善和优化联合培养工作。

通过努力，我们相信可以逐步改变当前研究生联合培养工作推进缓慢的局面，实现“合作”与“共赢”的目标。我们将为专业学位研究生提供更全面、更深入的培养方案，帮助他们更好地适应未来社会的需求。同时，我们也将通过与校外各方的合作，提升学校的学科建设和人才培养水平，实现学校与社会的共同发展。

当然，这一切都需要时间和耐心。联合培养研究生是一项长期而艰巨的任务，不可能一蹴而就。我们要做好打持久战的准备，坚持不懈地推进这项工作。只有这样，我们才能真正实现专业学位研究生教育的转型和升级，为我国的高等教育和人才培养作出更大的贡献。当然，针对上述挑战，我们不能仅停留在表面问题分析和一般性解决方案上。我们必须深挖根源，具体施策，将改进工作细化到每一个环节和参与者，从制度到文化，从技术到人心，全方位、无死角地推动专业学位研究生培养质量的提升。

我们不得不面对的一个事实是，长期以来形成的惯性培养思维与既定路径依赖是阻碍“合作”与“共赢”理念深入推进的重要原因之一。为了打破这一僵局，我们首先需要从观念上入手，对全校师生特别是管理层和导师群体进行一次深刻的“洗脑”。通过举办系列研讨会、座谈会、案例分享等形式，让大家明白一个道理：在这个日新月异、开放融合的时代，闭门造车早已过时，合作共享才是发展的王道。只有心往一处想、劲往一处使，我们才能在激烈的教育竞争中站稳脚跟，进而开创新局面。

在实施研究生联合培养的过程中，我们还应该注重文化的培育和塑造。一个健康、和谐、有利于创新的氛围对于提升学生的综合素质与能力有着不可估量的影响。我们要通过各种方式与渠道传播和弘扬“合作、开放、创新”等积极向上的价值观念，让其在学生心中生根发芽。同时，我们还要鼓励学生积极参与社会实践和公益活动，培养他们的社会责任感和团队合作精神。

当然，所有这些努力和措施都离不开强有力的领导和执行。学校管理层应该给予足够的重视和支持，在政策制定、资源配置、人事安排等方面给予适当的倾斜。同时，各相关职能部门和培养单位也要明确各自的责任与任务，形成工作合力。只有全校上下齐心协力、共同努力，“合作”与“共赢”的目标才能早日实现。

综上所述，推进研究生教育综合改革、实现“合作”与“共赢”的目标是一项系统而复杂的工程，涉及观念更新、制度变革、实践创新等多个方面。但只要我们坚持以学生为本、以质量为魂，敢于面对挑战、勇于开拓创新，就一定能够走出一条具有学校特色的研究生教育发展新路来。

七、"规模"与"质量"的异步问题突出

高质量发展是新时代中国教育的鲜明特征，也是新时代中国教育新的历史定位。在新的历史条件下，推动教育高质量发展，全面建设社会主义现代化教育强国是中国教育的当务之急。当前我国研究生教育规模已居世界第二，10年来，全国800多个研究生培养单位向经济社会发展主战场输送了60多万名博士和650多万名硕士，为党和国家事业发展提供了有力的人才支撑；然而，随着研究生教育规模的扩大，其已经对教育质量提出越来越严峻的挑战。

高等教育处于我国教育金字塔的顶端，而研究生教育又是高等教育金字塔的顶端，是以高层次精英人才为培养对象的，理应更加注重培养质量。但是，由于我国经济社会发展迅速，急需一大批人才满足社会现实需求，近几年，研究生的培养规模日益扩大。我国研究生教育正处于由规模式发展向内涵式发展的战略转型期，在这个过程中，存在利益交织因素的阻碍作用，高等院校、科研机构需要高质量人才队伍的充实，而经济建设又急需数量庞大的人才队伍，这极易造成培养规模与培养质量的冲突。如何在数量增长的同时，确保高层次人才培养的质量，成为社会高度关注的问题，体现在入口生源质量、过程培养质量、出口学位质量等方面。受学校层次、所处地域、奖助金、住宿条件、科研环境等因素的制约，学校接收优秀推免生比例较低，特别是本校优秀生源流失严重，对人才培养质量，尤其是出口学位质量形成巨大压力。在研究生数量快速增长的过程中，学校研究生教育经费投入、管理人员数量和质量、师资队伍建设、科研场地、实践环境及生活住宿等方面资源匮乏凸显，吸引优质社会资源共同办学、协同育人力度有待加大。

"规模"与"质量"的异步问题在研究生教育中表现得尤为突出。随着研究生招生规模的不断扩大，如何保证培养质量不下滑，甚至有所提升，成为摆在我们面前的一大难题。

（一）生源质量有待进一步提高

从入口生源质量来看，推免生比例的高低直接影响到研究生的整体质量。然而，受各种因素的制约，许多学校在接收优秀推免生方面并不尽如人意。除了学校层次和地域等客观因素，奖助学金、住宿条件、科研环境等也是影响推免生选择的重要因素。特别是在一些资源相对紧张的学校，优秀生源的流失现象更为严重。这不仅对人才培养质量造成了负面影响，也给学校的声誉和未来发展带来了不小的压力。

（二）培养过程控制有待规范

过程培养质量是研究生教育的核心环节。然而，在研究生数量快速增长的背景下，许多学校的师资力量、科研场地、实践环境等资源明显跟不上需求的增长。这导致一些研究生在培养过程中得不到充分的指导和锻炼，严重影响了他们的学术成长和创新能力提升。此外，一些学校的管理人员数量和质量也跟不上研究生规模的增长，导致管理效率低下，服务质量下降，进一步加剧了培养质量与培养规模之间的矛盾。出口学位质量是研究生教育的最终成果体现。然而，在现实中，一些学校为了追求数量而忽视了质量，导致部分研究生在毕业时达不到应有的学术水平和能力要求，这不仅损害了学校的声誉和形象，也浪费了宝贵的教育资源。同时，一些用人单位在招聘时过于看重学历而忽视能力，也给研究生教育带来了错误的导向和负面影响。

为了解决“规模”与“质量”之间的异步问题，我们需要从多个方面入手。首先，要加大对研究生教育的投入力度，提高奖助学金额度，改善住宿和科研条件，吸引更多优秀生源报考本校研究生。其次，要加强师资队伍建设和管理人员培训，提高他们的业务能力和服务水平，为研究生提供更好的指导和帮助。再次，要深化教育教学改革和创新人才培养模式，注重培养研究生的创新能力和实践能力，提高他们的综合素质和竞争力。最后，要加强与用人单位的沟通和合作，了解社会需求和市场变化，及时调整培养方案和教学计划，使研究生教育更加符合社会发展的需要。

“规模”与“质量”之间的异步问题是研究生教育中一个亟待解决的问题。只有坚持质量为本、注重内涵发展的原则，加强各方面的工作和措施落实，才能真正实现研究生教育的规模、结构、质量和效益的协调统一发展。这不仅需要学校和社会的共同努力和支持，也需要每一个研究生自身的积极参与和奋斗。只有这样，我们才能培养出更多高素质、高水平的研究生人才，为我国的经济社会发展作出更大的贡献。

八、“学科”与“建设”的整体局面落后

学科专业是人才培养的基础载体，关乎研究生教育培养质量。推进研究生学科体系建设，优化学科专业布局，是研究生教育改革的根本性问题。高校优化学科专业建设，要主动适应国家发展战略需求，聚焦未来革命性、颠覆性技术人才需求，抢抓交叉学科成为新学科门类的机遇，打破传统学科门类划分局限，有序设置新兴交叉学科专业，夯实交叉学科发展基础，凝练专业交叉的未来技术特色，为培养复合型创新人才创造有利条件。要建立国家急需学科专业的引导机制，面向未来经济社会发展的基础性、关键性领域，要有计划有步骤地加大扶持力度，优化结构布局，凝练发展方向，加强梯队建设，提升原始创新能力，积极为国家在关键领域培养大批高层次紧缺人才，为实现中华民族伟大复兴的中国梦提供智力支撑。

财经高校一般以财经类学科为主，导致财经类学科专业过度设置，二级学科设置碎片化，分散在多个学院，学科壁垒严重，不利于发挥学科综合优势，学科资源使用效率低，学科生产能力不足。改革工作组对河南财经政法大学学科治理现状进行摸底调研，对学科专业布局、行政职能部门设置、学生管理、学科资源配置、科研评价、人才评价等进行了深入调研。了解到学校财经类学科专业设置过度碎片化，导致学科建设决策难以落实、学科建设力量难以集中、学科评估资源难以整合等严重问题。目前，学校应用经济学学科分布在 5 个学院；工商管理学科分布在 9 个学院；

法学学科分布在3个学院。另外，行政职能部门设置数量过多且不尽合理，以“学习者为中心”的教育生态有待进一步优化，学科资源配置效率有待提高。学科面相对较窄，相关方向之间交叉重复度高，而院系行政管理划分较细，如经济学、管理学、法学学科均存在将不同二级学科分属在不同学院的现象，这在一定程度上制约了交叉学科拔尖创新人才的培养，同时导致学科资源分散，难以形成合力。

学科建设作为高校的核心任务之一，不仅关乎学校的学术声誉和教育质量，更是培养高层次人才、推动科技创新和社会服务的重要基础。特别是在当前国家实施创新驱动发展战略、推进高等教育内涵式发展的背景下，加强学科建设显得尤为重要和紧迫。

然而，我们必须正视的是，当前我国高校在学科建设方面仍存在不少问题和挑战。一些学校的学科布局不够合理，学科之间的交叉融合不够紧密，新兴学科和交叉学科的发展相对滞后，这不仅制约了学校的整体发展水平和综合竞争力，也影响了研究生的培养质量和创新能力的提升。

（一）学科布局进一步优化

高校应根据自身的办学定位和特色优势，结合国家和地方的经济社会发展需求，科学规划学科布局，重点发展一批具有前瞻性和战略性的新兴学科和交叉学科。同时，要打破学科壁垒，鼓励不同学科之间的交流和合作，推动形成多学科协同创新的良好机制。

（二）师资队伍建设持续加强

提升教师的学术水平和创新能力。教师是学科建设的核心力量，他们的学术水平和创新能力直接影响着学科的发展水平和研究生的培养质量。高校应加大对优秀教师的引进和培养力度，为他们提供良好的工作环境和条件，激发他们的创新热情和创造活力。同时，要注重青年教师的培养和发展，为他们提供更多的实践机会和学术平台，促进他们快速成长并脱颖而出。

（三）科研平台和实验室建设有待加强

科研平台和实验室是学科建设的重要支撑，也是研究生进行科研实践和创新活动的重要场所。高校应加大对科研平台和实验室的投入力度，更新和完善科研设施及仪器设备，提高科研条件和水平。同时，要积极与企业、行业、政府等合作，共同构建“产学研用”相结合的协同创新体系，推动科技成果的转化和应用。

（四）国际交流与合作不足

提升学科的国际影响力和竞争力。随着全球化的深入发展，国际交流与合作在学科建设中的作用日益凸显。高校应积极拓宽国际视野，加强与国外高水平大学和研究机构的合作与交流，引进国际先进的教育理念和教学资源，推动学科建设的国际化发展。同时，要鼓励和支持研究生参与国际学术交流活动，拓宽他们的国际视野和提高跨文化交流能力。

加强学科建设是推动研究生教育改革和发展的重要基础和保障。只有做好不断优化学科布局、加强师资队伍建设、加强科研平台和实验室建设、加强国际交流与合作等方面的工作，才能真正提升高校的学科建设水平和研究生的培养质量，为我国的经济社会发展提供强有力的人才保障和智力支持。

九、“信息化”与“效率”的建设滞后

当前我校研究生在校生规模近 3000 人，研究生在校生规模逐年扩大，但研究生管理的信息建设水平却很低。在研究生的招生管理、学籍管理、培养管理、学位管理、研工管理、导师管理、学位点管理、基础数据管理等各项工作中，较多环节甚至处于手工处理阶段，工作效率低下，出错率高，这种情况已成为影响学校研究生事业健康发展的阻力。主要问题表现在如下几个方面：一是现有研究生教育管理信息化平台难以覆盖学校研究生管理工作的核心业务，无法全面实现研究生管理信息化；二是现有研究

生教育管理信息化平台系统功能模块和流程无法高效支持学校研究生教育业务需求，难以对接学校统一身份认证平台实现单点登录，难以对接学校数据中心平台共享数据；三是现有研究生教育管理信息化平台系统难以对接相关全国层面平台，如学信网、学位授予信息报送系统、二级学科自主设置信息平台、研究生培养质量反馈调查平台、全国学位与研究生教育质量信息平台等；在数据报送中效率低下，且出错率较高。

随着研究生教育的快速发展，特别是在校研究生规模的不断扩大，研究生教育管理的复杂性和挑战性也日益提升。然而，与研究生教育规模的迅速扩张相比，研究生教育管理的信息化建设却显得相对滞后，这在一定程度上制约了研究生教育管理的效率和质量，影响了研究生教育的健康发展。

在河南财经政法大学，研究生教育管理的信息化建设问题尤为突出。尽管学校已经在研究生教育管理方面投入了大量的人力、物力和财力，但现有的研究生教育管理信息化平台仍然难以满足学校研究生管理工作的实际需求。这主要表现在以下几个方面。

（一）信息化平台的覆盖范围狭窄

现有研究生教育管理信息化平台的覆盖范围有限，难以全面实现研究生管理信息化。许多重要环节仍然需要手工处理，这不仅影响了工作效率，也增加了出错的可能性。

（二）信息化平台功能不足

现有研究生教育管理信息化平台的系统功能模块和流程设计不够合理，无法高效支持学校研究生教育业务需求。在实际使用过程中，我们发现现有系统的某些功能模块和流程设计过于复杂或不够灵活，难以适应学校研究生教育管理的实际需求。此外，现有系统还无法对接学校统一身份认证平台和数据中心平台，难以实现单点登录和数据共享，这也给研究生管理工作带来了不便。

（三）信息化平台扩充能力有限

现有研究生教育管理信息化平台的对外对接能力不足，难以与相关全国层面平台进行有效对接。现有系统难以实现高效的数据报送和信息交流，这不仅影响了学校研究生教育的对外交流与合作，也制约了研究生教育管理的整体效率。

针对以上问题，我们认为加强研究生教育管理的信息化建设已刻不容缓。首先，学校应加大对研究生教育管理信息化建设的投入力度，引进先进的信息技术和管理理念，提升信息化平台的建设水平。其次，学校应优化现有信息化平台的功能模块和流程设计，使其更加符合学校研究生教育管理的实际需求。最后，学校应加强信息化平台的对外对接能力，积极与相关全国层面平台进行合作与交流，提升研究生教育管理的整体效率。

"信息化"与"效率"的建设滞后已成为影响学校研究生教育健康发展的重要因素。为了推动研究生教育的持续发展，我们必须高度重视信息化建设在研究生教育管理中的重要作用，采取有效措施加强信息化建设，提升研究生教育管理的效率和质量。

第二节　主要任务与做法

以习近平总书记关于研究生教育工作的重要指示和全国研究生教育会议精神为改革方向，把高层次人才培养任务与党和国家事业发展高度融合，聚焦学校研究生教育关键和难点问题，促进研究生教育质量内涵式发展，实施以培养机制改革为抓手的九大改革任务与举措。

一、坚持立德树人，"教书"与"育人"同向同行

坚持以习近平新时代中国特色社会主义思想为指导，贯彻落实全国研究生教育会议精神，积极践行社会主义核心价值观，引导研究生自觉增强

“四个意识”、坚定“四个自信”、做到“两个维护”。落实立德树人根本任务，坚持“德育为先、创新为要、能力为重、全面发展”理念，以培养担当民族复兴大任的时代新人为目标，以建立思想政治工作与教学、科研、实践、服务相结合的工作机制为基础，明确育人导向，深入实施“思想立魂、创新立业、能力立身”育人计划，形成全员、全过程、全方位育人格局。

（一）完善工作机制，持续加强队伍建设

制定《学校研究生立德树人育人机制改革专项计划》，把研究生思想政治教育纳入全校学生思想政治教育整体规划，统一部署、统一实施、统一行动、统一检查和评估。加强统筹协调，构建学校党委统一领导、党委研究生工作部和研究生处协力共抓、学院党委履行主体责任的三位一体纵向机制，建立保卫、后勤、实习单位、就业创业、团委等各部门协同共管的横向机制，发挥工作合力。建立研究生思想政治教育工作例会制度，把思想政治教育渗透到研究生培养和管理的各个环节，做到思想政治教育与业务培养紧密结合，努力形成全员育人、全方位育人、全过程育人格局。完善研究生思想政治教育工作成效考核体系，把研究生育人成效作为各培养单位年终考核的重要指标开展专项考核。

根据研究生教育特点和规律，建立起以研究生导师和辅导员为主体的研究生思想政治教育工作队伍，并逐步在研究生人数较多的学院设立分管研究生工作的专职副书记。建立研究生辅导员定期培训制度，强化研究生思想政治教育、辅导员队伍建设、心理健康教育、校园文化建设、日常奖助管理、创新创业教育等工作，稳步提升工作队伍的思想政治素质和业务工作水平。制定加强研究生导师立德树人职责实施细则，定期举办新晋研究生导师培训班，强化导师在研究生思想政治教育中第一责任人意识。加强研究生党建工作，坚持党建与思想教育、专业教育、科研创新、导师育人、过程育人相结合。优化研究生党支部设置，探索在学科点、实验室、课题组等学术团队上建设党支部，选拔配备党支部书记并定期考核，举办

党支部书记党性锤炼培训班，不断提升党支部书记的政治素养和业务能力。

（二）守牢课堂主阵地，拓宽育人途径

发挥课堂教学在研究生思想政治教育中的主渠道作用，校领导带头参与集体备课，加强研究生形势与政策教育。挖掘专业课的思想政治教育资源，将思想政治教育融入研究生课程学习的各个环节，努力打造研究生马克思主义国家经典理论、马克思主义传播史、社会主义思想史等精品教育课程。强化研究生实践教育环节，在研究生培养方案中设立实践学分，把参与社会实践作为研究生培养的必要环节。加强研究生心理健康教育和咨询工作，在研究生入学教育中增加心理健康、学术诚信等内容，提升研究生心理调适能力和心理健康水平。举办研究生拔尖人才培训班和新生干部培训班，以专家报告、学术交流、团队训练、素质提升、实践服务和参观学习等形式，提升研究生政治素养和综合能力。加强研究生学术文化建设，促进研究生学术科研能力和思想道德素质同步提高。举办各类研究生创新实践系列大赛和学术文化活动，提升研究生科研能力、创新精神和实践能力。

（三）构建德育教育体系，创新思政课教学模式

深入挖掘以立德树人为载体的育人优势，着力开展研究生导学思政育人模式创新。强化导师育人职责，优化完善学院、专业的思政工作体系的运行机制，制定导学团队评价标准和激励政策，构建运行有序、保障有力、科学高效的研究生思政工作机制。

将正确政治方向和价值导向贯穿于研究生教育管理工作全过程。扎实开展爱国主义教育，深入学好党史、新中国史、改革开放史、社会主义发展史；鼓励研究生以服务行业产业重大需求和解决科学领域关键问题为导向，扎根祖国大地开展科学研究和学术创新；为研究生到国家关键领域、关键岗位工作创造条件，引导研究生到祖国最需要的地方建功立业；注重

实践创新育人，在研究生培养方案中增加社会实践要求，加强劳动教育，健全志愿服务体系，鼓励研究生积极参与科技服务、支教扶贫、学术服务、社会考察等活动，在实践中了解国情民情，涵养家国情怀，激发学术创新的组织动能。创新思政课教学模式，挖掘教学体系中的思政育人元素，与时俱进更新教学内容，创新教学方法，提升思政课程内涵。加强课程思政建设，推出一批课程思政示范课。精准把握研究生思政教育规律；以促进研究生德智体美劳全面发展为目标，科学构建研究生综合素质评价模型；定期开展研究生满意度调研，科学精准地反映学校、培养单位、职能部门及导师等主体的立德树人成效，为全面深化研究生教育综合改革提供数据支撑及改革方向，在强化评估反馈中持续提升育人能力。

二、坚持多措并举，提升“平台”对“创新”的支撑能力

专业学位研究生的创新能力，不仅直接影响高等学校知识创新的水平，也关系国家未来的整体创新能力，对国家创新体系有着重要影响，创新能力的培养应作为核心并将其融入专业学位研究生教育的全过程。通常情况下，高校应该着重培养专业学位研究生如下创新能力：一是创新性思维能力，是指提出和理解新概念的能力、描述新问题和规律的能力、分析和解决新问题的能力以及非逻辑思维能力等；二是探索和开拓新领域的能力，是指寻求和跟踪学科发展前沿的能力、形成新的学科发展体系的能力等；三是获取知识、运用知识和创新知识的能力；四是独立思考、独立判断和独立从事科研工作的能力，比如科研攻关能力、工程实践能力、市场调研能力、组织管理能力等；五是学术交流能力，是指可以将自己的研究成果以专著或论文的形式表达出来的能力，将新的学术思想、信息或知识进行传播的能力等；六是自我创新素质养成的能力，是指不断调整自己创新意识的能力、激发自我创新精神的能力等。

围绕需培养的创新能力，结合学校经管类专业学位研究生在创新能力培养方面存在的问题，本小节提出以下应对措施。

（一）依托科学研究提高研究生的实践创新能力

通过参加科学研究来培养专业学位研究生创新能力。具备在一定程度上的独立研究能力是所有研究生的基本培养目标，否则“研究生”三字中的“研究”就失去了灵魂。参与科学研究是培养研究生创新能力的重要手段。科学研究过程不但是创新的重要源泉，也是研究生实现自身价值的桥梁。教育研究生培养面向世界的科学态度和专业精神，合理化整合国内外研究资源，对自身科研提出合理的目标，有的放矢地进行有价值的研究。同时，科学研究往往由团队完成，因此团队协作过程中思想的碰撞有利于研究生的创新能力培养。为研究生提供良好的团队协作环境，引导他们在团队合作中，有机融合专业能力和协作能力，增强信任感、共享经验和互帮互助的团队精神，提高团队效率，生成更具实质价值的创新成果。

（二）健全研究生创新能力培养机制

完善学校、学院和导师多级联动创新能力培养模式，学校层面是核心，学院层面提供切入点，导师层面是执行者。首先，做好创新教育的规划和顶层设计，建立新的培养方案，构建相关课程和环节。在理论方面，学校可以开设实践创新相关课程，鼓励学生主动参与，引导学生独立思考、探索未知领域，将理论知识融入实践中。在实践方面，开设相关创新实践活动，为学生提供创新实践的机会，如成果展示、创新创业讲座等。学院层面积极开展技术研究和技术转化，帮助创新型研究生获得实际经验，如可以通过学院与企业进行合作，为企业提供科技服务，并让学生们负责具体实践，从而提高学生们的创新创业实践能力。其次，导师是研究生创新能力培养机制的执行者，导师要针对不同的研究生规划研究方向并组织项目实施，引导学生完成研究，通过导师的指导，学生可以积累研究经验和团队协作能力，为进一步的科研工作奠定基础。在研究生教育规模不断扩大的形势下，创新机制改革，促进各项任务举措落地实施，激励研究生教育质量内涵式发展，是研究生教育综合改革的最终目标。

结合上述培养模式，逐步建立“行业前沿课为认知引导—校内实验平台的实验为技能训练—校外实践基地建设为实战应用”的研究生实践创新能力培养体系，投入资源建设校内外实践平台和基地。

（三）提供实践创新经费保障

充分利用国家拨款、学校投入、学院投入、导师投入、企业投入和社会捐赠等渠道筹集经费。其中针对教师资助教改项目、教材编写、思政和育人课题、精品课程建设；针对研究生用于优质生源奖励、研究生自主项目扶持基金、研究生奖助金体系升级、研究生学术交流、研究生社会实践教育、研究生工作生活条件改善等。

一是完善专业学位研究生奖助政策体系。设立研究生国家助学金，用于奖励学业成绩特别优秀、科学研究成果显著、社会公益活动表现突出的研究生。加大研究生助教、助研和助管（以下简称“三助”）岗位津贴资助力度。助研津贴主要通过科研项目经费中的劳务费列支，助教、助管津贴所需资金由高校承担。建立健全导师责任制和导师项目资助制，充分调动研究生参与科学研究和社会实践的积极性。加大科研基本业务费对专业学位研究生培养的支持力度，支持符合条件的研究生开展自主研究。二是建立健全研究生学业奖学金制度。设立研究生学业奖学金，奖励支持研究生更好地完成学业。根据研究生学业成绩、科研成果、社会服务以及家庭经济状况等因素，确定研究生学业奖学金的覆盖面、等级、具体标准和评定办法，并负责组织实施。三是完善研究生国家助学贷款及配套政策。确保符合条件的研究生都可以申请并及时获得国家助学贷款。提高研究生国家助学贷款年度最高限额。采取减免学费、发放特殊困难补助、开辟入学“绿色通道”等方式，加大对家庭经济困难研究生的资助力度。进一步落实和完善鼓励捐资助学的优惠政策，积极引导和鼓励企业、社会团体和个人面向高等学校设立研究生奖助学金、专题研究项目，或提供实践实习岗位、就业锻炼机会等。鼓励有条件的高等学校设立留学生奖学金，吸引国外优秀学生来华攻读研究生学位。

三、坚持质量为先，提高“行业”与“高校”的协同育人效果

（一）强化基地建设，为实践创新提供舞台

充分的、高质量的专业实践是专业学位教育质量的重要保证。专业学位研究生专业实践应有相对稳定的实践基地，不但能够提供实践场所，而且能使研究生的实践内容和企事业单位或相关职能部门的实际需求相对接，满足生产部门的实际需求。

充分利用学校与相关企事业单位的良好合作关系，整合各种社会资源，共建共享多种形式的校企联合实践基地。依托学校的科研优势，将科研成果高质量地转化到实践教学环节当中，打造系列化、层次化的实践能力培养环境。打造以人才培养为中心，学校与行业“产学研用”紧密结合的示范基地。周密安排专业学位研究生的专业实践，提高专业实践的针对性，加强对专业实践全过程的管理、服务和质量评价工作。

要求各专业学位类别在根据自身实际分别建立不少于两个专业实践基地的基础上，着力打造一批高水准的专业学位示范实践基地。鼓励专业学位研究生以参加导师横向课题或与导师一起参加实践基地（单位）重大攻关课题的形式开展专业实践，在完成课题的情况下，熟悉行业工作流程与职业规范，提升自己的职业精神、职业道德以及分析问题、解决问题的能力。基于实践基地提供的条件支持，形成系列“产学研用”标志性成果，与企业共建研发中心，为研究生拓宽就业渠道等。对于评定的示范基地，学校将给予一定的经费支持，以推动全校专业学位研究生专业实践基地的建设工作，提升专业学位研究生专业实践质量。

推进科研基地与实践基地建设，完善专业学位校企联合、项目驱动的培养方式，要求专业学位研究生在读期间在实习基地或其他科研基地累计开展不少于六个月的实习实践。

（二）发挥校外导师作用，确保实践创新质量

建立一支具有丰富行业产业工作经验的校内外导师队伍，有效推动产教融合培养，提升研究生实践创新能力。对校内导师坚持举办骨干研究生导师高级研修班，实施研究生导师队伍建设计划，通过多种形式加强导师培训和交流，采取“走出学校、走进行业”的方式开展学术实践交流，汲取各种学术营养，博采众长，使导师不断更新知识，拓宽专业面，了解行业发展趋势，提高自身业务素质。此外，鼓励导师与行业合作，鼓励导师以横向课题等形式与企业开展深度合作。

校外导师是提升专业学位研究生培养质量的重要队伍，但目前校外导师普遍存在缺乏指导计划、对学生缺乏了解、对学位论文指导参与度不够、对实习的监管和评价不到位等问题。针对这些问题，需要在管理制度、过程控制、质量评价等多个方面加强管理。众所周知，几乎所有校外导师都是“零薪酬”，在这种情况下，高校作为人才培养的主体，应高度重视发挥校外导师的积极性，让高校、学生、校外导师三方获得共赢。

一是完善制度，提高保障力。完善关于教学实践方面的制度，提高可操作性，完善落实和监控的有效机制，完善相应的校外导师评价激励机制，提高校外导师的工作积极性。明确校外导师和高校的权利和义务，对校外导师的工作情况进行考核，并及时反馈给研究生院，为校外导师的进修提供机会和便利，提升校外导师的指导质量。二是过程管理，保证质量。加强实践过程的监控，在实习前，要求做好与实习单位和学校的联系、沟通，做好准备工作；实习中，要求各指导教师要做好学生的备课、听课、评课等方面的指导工作，每个实习生的实践过程都要做好监督、检查和反馈，并做好相应的记录；实习后，要求每个实习小组要召开总结会，每个实习生对自己的实习过程进行反思。安排专人对实习过程进行管理，随时与实习企业校外导师进行沟通，同时要求校外导师抱有高度的责任感，主动保持与校方的沟通，并且要与学生进行沟通，了解学生在实习过程中的问题与困难。在制订实习计划后，各方需按拟订计划认真执行。

研究生处需定期到学生所在实习学校开展检查工作，对实习进度和情况进行监督。三是评价多元，沟通分享。科学、合理的评价体系有利于保证教学实践质量，学校从评价标准、评价指标以及评价的手段和方法等方面改进实践创新评价体系。以校外导师所给成绩为基准，同时考虑学校的监督和检查结论，以此来评判学生教学实践的质量。发挥校外导师的主导作用，同时确保评价的质量和客观性。

通过校外导师的“桥梁作用”，学生走进大企业实习甚至工作，走上实践的大舞台，通过实践创新环节开阔研究生的视野，加深其对理论知识的理解和消化。而校外导师在不计薪酬义务奉献的同时，也可以接触到新的东西，能够了解现在的学生在思考什么，了解理论界在研究什么，反过来对校外导师的实务工作也有一定的辅助和促进作用，不仅如此，校外导师也获得了另一个身份，以证明其在学术方面取得的成绩和得到的认可。

四、强化导师第一责任人意识，全面发挥导师立德树人职能

立德树人是研究生导师的基本职责，在新时代研究生导师应有更高的政治站位、更强的历史担当和更高的育人本领。

（一）全面落实研究生导师立德树人职责

提升导师的立德树人水平，要做好以下工作。

一要强化研究生导师在组织建设中立德树人，组织育人是当前十大育人体系当中的重要组成部分，是推进高校教师落实立德树人根本任务的有效途径。近年来，研究生招生规模的扩大造成了研究生党支部规模过大，同时，由于研究生自身党建能力、学习压力、时间精力、角色转换等因素，直接影响了党组织生活的有效开展以及党员的发展、教育、监督、管理和服务工作。因此，可考虑以研究生党员导师为主体纵向设置研究生党支部，由研究生党员导师担任党支部书记，构建在读期间的临时党支部，既能提高教师的思想政治素质和道德情操，也有利于全面掌握研究生的思想状况。

二要落实研究生导师在课程教学中立德树人，构建“三全育人”大思政工作格局，课程育人的主体是教师，课程育人的效果好不好关键在于教师在教学过程中的育人主动性。杜绝研究生导师脱离讲台，防止教书不育人的问题。以国家大力推动的“思政课+课程思政”为目标的课堂教学改革为契机，创新方法、强化管理，落实研究生导师在课程教学中立德树人基本职责。通过推行研究生导师课程教学动态考察制度、立德树人进教材教案制度、立德树人进教学评价体系制度等手段保障导师在课堂上的立德树人效果。

三要强化研究生导师在科学研究中立德树人的职责，研究生参与和从事学术研究，有利于培养他们发现问题、提出问题、解决问题的能力，有利于培养他们收集文献、整理文献、归纳文献的能力，有利于培养他们生成概念、界定概念、阐述概念的能力，有利于培养他们在学术选题、学术设计、学术生成方面的能力。重视研究生导师在指导研究生学术研究过程发挥中立德树人作用，强化导师在学术研究中的立德树人职责。通过严格推行研究生导师讲授学术道德课程制度、严格执行学术不端行为一票否决制度、严格控制“学术成果归导师”陋习等做法，确保导师在科学研究中的立德树人成效。

四要倡导研究生导师在日常生活中立德树人，在现实当中，因为研究生导师长期与研究生共同从事学术研究活动，导师个人的生活方式、生活态度、生活作风等往往会对学生的世界观、人生观、价值观产生十分重要的影响。导师不仅要在工作中严格要求自己，也要在生活中做好表率。要求研究生导师在工作中履行立德树人职责，在生活中也要牢记立德树人使命。发挥各级工会和老同志的作用，分类别成立特别工作组，关心研究生导师的生活状况，协助他们处理好婚姻情感、医疗住房、子女教育等问题。端正研究生导师的生活态度。生活态度的实质是个人三观的外在体现，通过问卷调查或心理测试的方式，在研究生导师的招聘、选拔、考核等多个环节了解和考察研究生导师的生活态度，摸清导师是否存在生活态度消极、反社会、偏激等情况。在工作和生活中要求研究生导师规范自己的职业行为和生活作风，尤其在生活中要做到言行雅正、廉洁自律。对研究生导师师德失范行为的处理应当立场坚定、态度坚决，严肃处理。

（二）加强组织领导和政策保障

建立研究生导师立德树人领导机制。成立研究生导师立德树人职责委员会，由学校主要领导担任主任，相关工作分管校领导担任副主任，研究生处等相关部门负责人担任委员。研究生导师立德树人职责委员会负责全校及领导各单位研究生导师立德树人职责工作总体规划、制度建设、组织落实和检查通报工作。研究生导师立德树人职责委员会可以召开听证会，组织听证。建立“一岗双责”责任追究机制，各院系党政主要负责人承担本单位研究生导师立德树人职责的领导责任。对研究生导师严重违反立德树人职责行为监管不力、拒不处分、拖延处分或推诿隐瞒，造成不良影响或严重后果的，要追究相关负责人的责任。

加大研究生导师立德树人经费投入力度。将立德树人建设经费纳入年度财务预算，确保研究生导师立德树人职责教育、宣传、考核、监督和奖惩等工作有序开展。坚持新任研究生导师岗前培训制度和在任研究生导师定期培训制度，提升导师思想政治素质和业务能力。积极组织研究生导师校内外交流与研讨，支持导师参加学术交流活动和行业企业实践，提升导师学术研究水平和研究生指导能力。尊重和保障研究生导师在研究生培养中的自主权，维护和规范导师在招生、培养、资助、学术评价等环节中的权利。在涉及学位与研究生教育的重大改革中充分听取研究生导师意见，保障导师的知情权、参与权、表达权、监督权，培养单位每学期召开一次导师座谈会，听取导师意见，提升导师工作满意度。划拨专项经费用于研究生导师队伍建设，营造尊师重教的良好校园文化环境，为研究生导师创造良好的政策环境和工作条件，切实依法保障导师利益。

（三）完善培训和交流及评价制度

完善培训和交流制度，推行新导师上岗培训和骨干研究生导师高级研修制度。实施研究生导师队伍建设计划，鼓励和支持各学院通过多种形式加强导师培训和交流，采取“走出去、请进来”的方式开展学术交流，汲取各种学术营养，博采众长，使导师不断更新知识，拓宽专业面，了解科学发展趋势，提高自身业务素质。此外，鼓励高校建立研究生导师国内外学术交流与合作制度，鼓励导师国际和跨学科合作。规范研究生遴选和评价制度。研究生导师岗位是一个评聘结合的“动态”岗位，各学院既要有明确的考核和遴选标准与程序，也要克服重业务、轻政治，重经费、轻思想的做法。做到“能上能下”，真正建立起研究生导师上岗动态调整机制，强化与招生培养的紧密衔接，防止形成导师终身制。同时，要积极推行双导师制，组建专业化研究生导师团队。要改革评价机制，建立定期考核制度，改变单一以科研为导向的评价机制，把对学生的学业指导、学术交流、思想政治教育、学术道德教育和学术训练等纳入导师评价机制，鼓励研究生参与对导师人才培养工作的评价。

五、坚持问题导向，提高“评价监督”职能对“需求”的促进作用

新时代背景下，全日制专业学位研究生教育面临着吸引优质生源、体现职业导向、加强实践创新能力、应对就业压力等问题。专业学位作为一种具有特定的职业指向性的学位类型，需要建立来自教育系统外部的、有别于学术型学位的质量评价体系。

专业学位研究生教育目前普遍存在“同化、矮化、弱化”的弊端。“同化”是指将专业学位研究生教育与学术学位研究生教育在培养方式、评价标准上趋同，未体现出专业学位现象“职业性”培养目标现象。“矮化”是指因为用学术学位研究生教育评价标准和评价方式来衡量专业学位研究生教育质量，凸显专业学位研究生教育的学术性不足，以此判定专业学位质量低于学术学位质量，严重影响了专业学位社会认可度的现象。“弱化”则是因同化和矮化专业学位研究生教育后，导致高等学校内部一些领导和部门对专业学位研究生教育忽视的现象。结合学校经济管理类专

业学位研究生教育实际情况，本小节通过建立四个机制来构建研究生教育质量保证和监督体系，确保监督评价职能对需求的促进作用。

（一）建立教育诚信机制，教育师生知敬畏明利害

深入开展对研究生和青年导师科学道德和学风建设宣讲教育活动，把科学道德和学风教育纳入研究生培养各环节。根据教育部令第 34 号《学位论文作假行为处理办法》，制定相关配套政策和实施细则。支持各研究生培养单位强化研究生学术道德规范教育，制定研究生学术道德规范及学术不端行为处理办法。鼓励加强校园文化建设，形成崇尚学术、追求卓越、注重质量、勇于创新的价值追求和文化氛围。

（二）加大评估检查力度，以榜样促进质量提升

积极探索研究生教育质量评价体系建设，鼓励和引导有条件的专业学位类别参与国际教育质量评估与认证。设立各类研究生教育及学科专项评估项目，每年开展一轮学位点评估；加大硕士学位论文校内抽检力度；进行硕士课程教学质量抽检。

（三）建立数据监控机制，多方共促稳步发展

加强学位授予信息管理。做好年度学位授予信息的收集、汇总、审核和网上查询工作。设立研究生教育质量信息平台，各学位授予单位要按照教育部、国务院学位委员会相关要求，及时公布研究生教育的基本情况，按年度公布研究生教育质量报告，主动接受社会公众监督，促进河南省研究生教育质量不断提升。完善学校研究生教育信息网站建设，向全校及时提供国内外研究生教育的最新改革信息和成果；及时统计河南省同类学位点主要信息，对重点学科建设和学位点质量进行动态管理。

（四）建立奖励激励机制，激发多主体发展活力

为提升河南省高层次创新型人才的培养质量，设立学校优秀专业学位

论文奖励基金项目，对获得河南省优秀学位论文的作者和指导教师予以奖励。发挥培养单位研究生培养质量的主体作用，鼓励、支持和引导研究生培养单位积极探索研究生招生选拔模式、人才培养模式、导师权责机制、评价监督机制等方面的改革创新，设立校级研究生教育成果奖，每两年评选一次，分设特等奖项、一等奖项、二等奖项。

六、立足实际，大力推进“合作”与“共赢”

专业学位研究生联合培养方案是指在国内高校和国外高校之间建立合作关系，共同培养专业硕士研究生，不仅可以提高学生的学术水平和实践能力，还可以拓宽学生的国际视野和提升其跨文化交流能力，可以加强校际合作、促进优质教育资源共享共建，带动双方更深层次、更宽领域的沟通合作，在科学研究、学术交流、学科建设等方面发挥各自优势。构建“产学研”联盟的创新体系，建立“产学研”长期合作关系，形成学科建设、专业人才、科研成果、科创平台、成果转化协调发展格局，更好地实现“优势互补、协同创新、资源共享、互利共赢”。打造高水平科研平台，培育高水平科研成果，提高研究生实践与创新能力，切实助力学校成为高层次人才培养、科学研究和社会服务的功能性实体，更好地服务区域经济发展。

目前，河南财经政法大学与郑州财经学院已就联合培养物流工程与管理专业学位研究生正式签约，物流工程与管理是学校面向学科未来发展和服务地方经济的特色学科，与郑州财经学院联合培养专业学位硕士研究生是双方开展深入合作的生动体现，为联合培养研究生作出新探索、结出新硕果、积累新经验、开创新局面，为两校高质量、内涵式发展贡献力量，可以为河南省培养更多优秀的高级应用型人才。

为推进联合培养专业学位研究生工作顺利开展，在研究生培养方案、培养机制、课程思政和党的建设等方面周密安排，科学谋划。发挥各自优势，厘清联合培养专业学位研究生中的难点，坚持以“思政融入”为引领、“联合育人”为主线、“确保质量”为底线、“优势互补”为基石、“严格管理”为保障，全力打造联合培养专业学位研究生的新体系、新生态。

（一）坚持思政融入不放松，坚守立德树人根本任务

构建全员参与、全程贯穿、全域协同的“思政”联合育人新格局。抓牢党建不放松，联合多方力量，创新联合培养研究生党支部建立模式，依托专业组、课题组、实验室等建立临时党组织，严格落实“三会一课”制度。一是抓实德育。充分利用两校思政资源，开展“课堂教学—社会实践—网上学习”三位一体的联合培养研究生思政课立体教学改革，提高思想政治教学实效性；注重实践育人，选聘优秀联合培养专业学位研究生从事助研、助教、助管和学生辅导员工作；开展联合培养专业学位研究生思想政治教育专项课题研究，用优秀成果指导推动联合培养专业学位研究生思政工作。二是加强队伍建设。把立德树人、师风师德、育人工作作为联合培养专业学位研究生校内外导师遴选和考核的重要标准，充分发挥联合培养专业学位研究生校内外导师在育人工作中的首要责任人和模范带头作用。三是抓好文化建设。组织联合培养专业学位研究生参观校史馆、校内博物馆、红色教育基地等，开展思政教育学术交流活动、文体活动、评优评先活动，培养学生爱国爱党情怀。

（二）坚持优势互补育人模式，坚持双方充分沟通

打造“政产学研用”协同育人新模式。全程参与联合培养专业学位研究生人才培养顶层设计和培养环节。通过论证研讨会，参与人才培养方案编修，科学谋划课程体系构建等；全程参与从招生宣传到毕业论文答辩的各环节，切实融入联合培养专业学位研究生培养中。全程参与专业课程建设，联合培养专业学位研究生通过全周期旁听学习、担任助教或担任主讲教师等方式，掌握专业课程的讲授技巧；根据学校学科专业课程优势，联动业界精英，通过开设微课程或讲坛，进一步强化联合培养专业学位研究生应用能力。全程参与校企合作、产教融合。通过深化校企合作，组织、引导联合培养专业学位研究生融入行业生产和职场生活，在一线实践环境

中强化职业认同和职业素养的养成，形成行业出题、政企助题、师生解题的专业学位研究生实践能力培养机制，推动人才培养与行业产业发展互促交融、良性互动。全程参与科教、实践平台建设。通过校校、校政、校企协同，搭建或强化科技创新平台，实现人才培养过程与行业生产实际融通、知识探究与问题解决实时融合，在解决实际问题中提升联合培养专业学位研究生的创新实践能力。

（三）坚持高质量师资队伍建设，构建新机制

一是构建紧密合作、强化激励的“师资能力提升”新机制。组建联合培养专业学位研究生导师联动组。学校为联合培养专业学位研究生配备固定的导师组，双方每月定期沟通交流，相互融入对方教学科研或生产实践活动，实现多对一的联合培养。二是建立导师培训联动机制。通过双方院校协同发力、岗前培训和定期轮训相结合的培训制度，使导师掌握学术界和企业界前沿动态。搭建虚拟项目联动团队。通过跨学科、跨专业联合组队申报高层次科研课题、教改项目、科研成果奖、教学成果奖等，实现以强扶弱，累积经验。三是完善激励联动制度。打破校校、校企之间的壁垒，通过互认、互聘、互评、互奖等方式，健全导师激励制度和考核评价标准，激发双方导师联合培养的积极性。

（四）坚持严格管理保障机制，构建新体系

双方高校构建起规范有序、长效稳定的管理保障新体系。一是建章立制。强化联合培养专业学位研究生教育管理的顶层设计，制定《联合培养研究生指导教师岗位职责暂行规定》《联合培养硕士研究生学务管理暂行办法》等有关导师岗位职责和联合培养专业学位研究生的学务管理、“三助”工作、科研经费、奖学金等相关专门规章制度，为规范有序开展联合培养专业学位研究生教育工作奠定扎实的制度基础。二是组建专职机构。调整校内机构和编制，配齐配足联合培养专业学位研究生专职教育管理人员，由其负责全校联合培养专业学位研究生教育管理工作，并紧密对接招

生院校，畅通信息渠道。明晰相关职能部门和二级院部的职责分工，强化归口管理和相互配合。三是提升管理队伍实力。选派管理人员顶岗锻炼或实践，加大研究生教育管理培训力度，促进管理队伍深入了解联合培养专业学位研究生的内在规律，提高管理水平。四是充分发挥联合培养专业学位研究生自治组织作用。组建联合培养专业学位研究生学生会、联合培养专业学位研究生社团等，加强联合培养专业学位硕士研究生的自治管理。通过举办丰富多彩的“体美劳”活动和专业学术活动，提高联合培养专业学位研究生的认同感和归属感。

随着全球化的发展，国际化人才的需求越来越大。为了培养具有国际视野和竞争力的高层次人才，学校在国外高校联合培养专业学位研究生领域也做了一些探索，并积累了一定经验，做了初步的工作安排。一是国内高校和国外高校之间签订合作协议，明确双方的权利和义务。协议中应包括学生的招生标准、培养计划、学习时间、学费等方面的内容。二是学生需要在国内高校和国外高校之间进行学习和研究。学生在国内高校学习一定时间后，到国外高校继续深造，完成一定的学分要求和研究任务。学生在国外高校学习期间，需要遵守当地的法律法规和学校的规定，同时要积极参加学术活动和社会实践。三是学生需要完成学位论文，并在国内高校和国外高校进行答辩。学生的学位论文需要符合双方高校的要求，同时要体现出国际化的视野和研究水平。

七、深化综合改革确保“质”与“量”齐头并进

2023 年河南财经政法大学研究生招生规模为 1219 人，专业学位研究生 954 人，其中经济管理类专业学位研究生 707 人，占专业学位研究生招生总规模的 74.1%。在规模迅速扩大的同时，如何采取相关措施确保培养质量的稳步提升是摆在河南财经政法大学面前的一项重大课题。围绕新时代背景下研究生教育“大质量观”“全过程监管”“内生质量文化”等主题，学校采取了一系列措施。

坚持专业学位研究生教育的“大质量观”，侧重于强调综合性考察研

究生教育质量，注重落实学校的育人主体责任。坚持以人才培养为中心，真正把资源集中到人才培养上来，保障研究生的培养质量。优化调整学科专业布局，服务于经济社会发展的需要。

一是坚持“全过程监管”观念，从招生计划制订、招生录取、人才培养、学位授予到事后监管进行全流程、全覆盖的制度设计，服务区域经济发展需要，有针对性地、差别化地配置招生计划。坚持“内生质量文化”观念，强调学校、导师和学生内在的自律。在培养单位层面压实各培养单位主体责任；在教师层面，鼓励他们潜心教书育人，特别是要做高层次人才培养的“大先生”；在学生层面，加强学风教育和学术道德教育，让学生做到敬畏之心、报国之志和专精之能的有机结合。

二是合理调配学术硕士和专业学位研究生结构，推进形成合理的定位，杜绝专业硕士培养“学术化”，围绕培养高素质应用型人才这一目标，推进产教融合、校企合作，探索独具特色的培养模式。破除唯学历论产生的学历泡沫问题，以及唯论文论导致的浮躁学风问题，将研究生教育回归育人本源，给每个学生货真价实的教育，力争取得更多原创性成果。深化评价改革，破除唯论文的倾向，探索设立专项基金，资助研究生到国内一流大学或企业进行学习和交流。每年举办指导教师研修班，帮助新上岗的导师提升指导能力；为保证学位质量，学校还加大了学位论文质量监督和抽检力度。采取“严出”培养模式，严要求学生，改变以往超期后才集中清退的做法，而是在培养过程中就分流、淘汰，定期集中清退超期研究生。加强对研究生的过程培养管理，要以做好培养过程管理需要的师资投入的方式，确定研究生招生规模。

此外，在研究生招生规模不断扩大的背景下，要保证培养质量还要做到以下几点。

一是充分体现学科专业特点、学生层次、培养类别、育人模式等，体现多元特征，“多”与“准”凸显构建分类质量保证体系，尊重个性化需求的多元特征，构建以分层、分类培养模式为基础的多元评价体系。二是加强研究生培养过程管理，构建全程三级质量保证体系。三是通过信息化大数据平台，全过程动态监测研究生培养质量，反向促进教育教学改革，提升教育质量。

（一）构建多元精准评价体系

构建包含思想政治、专业知识、专业实践、创新能力、职业素养和学位成果相结合的多元全方位评价体系，引导高质量创新成果产出。结合专业学位研究生的培养目标定位，不断丰富学位成果的形式，除了学术论文，诸如软件、硬件、专利、行业标准、产品等均可认定为学位成果。在河南财经政法大学或联合多校建立同行评价专家库，精准评价学位成果，突出对学术水平、应用价值和创新能力的评价，逐步弱化硬性数量要求，引导研究生潜心研究，刻苦治学，产出高质量原创性成果。建立多元评优制度，突出对创新能力、综合素质等方面的鼓励和引导，树立先进典型，注重对研究生培养质量的全面评价。

（二）构建研究生培养全程质量保证体系

坚持立德树人根本任务，以提高质量为目标，以导师指导为核心，以过程管理为手段，健全学校、学院和导师的多层质量保证体系。加大对学位论文开题和中期考核监管力度，重视学位论文相似性检测、预答辩和论文评审，严把答辩后校内论文抽查评估关，各环节互相关联，层层把控，形成“切香肠式”质量监控体系，共筑研究生培养质量保证堡垒。鼓励导师严格学业管理，让不合格的学生毕不了业成为常态，有规可依。发挥学位委员会关于异议问题的决策，学术不端行为处理阳光化。充分发挥研究生教育督导委员会的作用，对研究生培养各个环节进行指导、检查、监督。引入学生评教机制，对研究生课程教学效果进行评价，促进教学质量全面提升。

（三）构建教育质量大数据平台

设计研究生教育全过程质量跟踪体系，构建质量评估模型，设置关键数据观测点，全过程、全方位采集研究生招生、培养、授位各环节的数据，注重对党建工作、导学关系、就业趋向、网络思政、心理健康和校园满意度等多维度相关信息的采集，构建研究生教育大数据平台，实时动态观测，适时进行预警、分流选择。根据学位授予层次、类型和学科专业特点，确定质量评估标准，发布《研究生教育质量报告》，研究教育规律，促进研究生教育质量内涵式发展。

八、加大“建设”力度，深入推进“学科”治理体系综合改革

为推进学校学科建设工作高效开展，经河南财经政法大学党委研究同意，将学科建设职能从学校发展规划处调整到研究生处，负责做好省特色骨干大学、特色骨干学科（群）和省级重点学科等相关管理工作；组织开展国家层面的学科评估工作；同时在研究生处增设学科建设与管理科，并增加一名副处级领导负责学科建设工作，为学科建设提供了坚实的组织保障。学科建设的主要工作职能主要包括以下方面：制定和实施学校学科建设战略、规划、计划、方案及做好相关的管理制度工作；组织、协调并督促各教学科研单位制定实施本单位的学科建设发展规划的工作；调研国内外学科发展和学科建设动态，为学校学科发展提出政策建议工作；组织、协调学科建设项目的申报、立项、建设、检查等工作；组织、协调博士、硕士学位授权点的立项、论证和申报工作；制定学科建设经费预算、使用、审核和管理的相关规章制度工作。成立应用经济学、工商管理、法学等申博学科工作室，进一步强化学科特色与优势、凝练学科方向，完善学科申报材料。

（一）实施学科梯次发展战略

对现有一级学科进行分类分层建设，构建学科梯队，形成“高峰”优势学科牵引，“高原”特色学科助推，“高地”传统学科、新兴学科、交叉学科并进的发展态势，构建多层次立体化学科发展矩阵，打造一流学科体系。“高峰”学科以获批和建设博士学位授权点、提升全国学科评估位次、

冲刺国家一流学科等为主要建设目标；“高原”学科以省级重点学科建设为基础，以凝练特色学科方向、提升人才培育质量、打造一流学科团队、提高学科综合实力等为主要建设目标；“高地”学科以培育学科特色和优势、探索学科创新研究方向、提升成果转化和社会服务能力、夯实学科基础等为主要建设目标。

（二）对标一流凝练学科方向

对标国内外同类高水平学科，追踪本学科领域发展前沿，瞄准国家及区域重大需求，每个学科凝练出若干个已经或有望产生较大影响的学科方向和研究领域进行重点建设，在师资队伍与资源、人才培养质量、科学研究水平、社会服务贡献与学科声誉等方面不断取得新成绩，在国家级重大重点科研项目、高水平期刊论文、国家级教学和科研奖励等标志性成果上获得新突破。每个“高峰”学科重点建设3~5个学科方向，“高原”学科重点建设2~3个学科方向，“高地”学科重点建设1~2个学科方向。

（三）推进人才梯队体系建设

立足保证人才无断层、形成人才磁场、满足学校获取未来竞争优势，建立一套动态的、例行化运作的人才区分、选拔、培养、晋升与淘汰机制。结合学校实际，在积极引进学科顶尖人才的同时，自主设置包含资深教授、特聘教授、博洽杰出学者、博洽优秀学者、通达精英人才、弘毅拔尖人才、致远青年英才等7个层次的校本人才梯队。其中，资深教授应是在国内外具有学术影响力的学科领军人才，是学校的最高学术荣誉；特聘教授应是善于培养青年人才、带领团队跟踪国内外学科前沿并赶超先进水平的学科带头人；博洽杰出学者应是具有深厚学术基础的年富力强的学术带头人；博洽优秀学者应是具有较强创新能力和发展潜力的优秀中青年学术骨干；通达精英人才应是具备较强社会服务能力、显著社会服务效果的精英人才；弘毅拔尖人才为后备型优秀青年拔尖人才；致远青年英才为具有较高学术理想的高学历青年教师。

（四）加大高层次人才支持力度

给予各层次人才对应的薪资、经费、政策支持。实行高层次人才年薪制、协议工资制、项目工资制等人才引进、培养、激励政策。资深教授、特聘教授有固定年薪待遇和岗位绩效，可以支配学科团队、科研平台经费等，担任行政职务人员一般不担任资深教授和特聘教授；博洽杰出学者、博洽优秀学者享有适当岗位绩效和课题经费，带有学科团队的给予团队经费；通达精英人才享有岗位绩效并给予相应的社会服务绩效奖励；弘毅拔尖人才享有一定的岗位绩效和课题经费；致远青年英才给予一定的课题经费支持。根据学科建设周期的实际需要，实行优胜劣汰，依据人才的稀缺性和岗位的重要性采取分层次培养，定期对人才梯队进行考核、选拔和调整，保证人才梯队的动态发展和持续更新，不断做大做强学术队伍。

（五）打造高水平学术团队

各学科根据学科建设和人才培养需要，强化有组织的教研和科研，遴选建设教学创新团队和科研创新团队等学术团队。教学创新团队原则上以学院为单位，可适度跨学院组建；科研创新团队以学科为基础组建，也可以跨学科组建，可设置两种类型，即以课题、项目为依托的动态科研创新团队和以科研机构、研究平台、智库、学科为依托的静态科研创新团队，两种团队类型相互渗透、交融。结合学校实际，实行“1+N+M”的学术团队架构，其中“1”指学术团队负责人，包括学科（方向）带头人、学科平台负责人、创新团队首席专家等；“N”指学术骨干；“M”指团队成员。学术团队负责人实行聘任制，学术团队与团队成员之间实行双向选择。学术团队负责人在明确团队目标、研究方向的基础上，征集凝练研究课题，面向全校公布课题指南，跨学院、跨学科招募成员，组建有凝聚力、有各个层次人才参与的学术团队。

（六）推进研究平台实体化建设

强化顶层设计、系统谋划，将各研究平台建设纳入学校学科建设总体规划，对现有省级、校级研究平台进行梳理、优化与整合，明确研究平台的学科归属，研究平台在一级学科统筹下参与学科建设、人才培养，确保研究平台设置运行与学科建设紧密结合。研究平台作为学术研究实体，具有相对独立的招聘人才、招聘科研秘书、招收研究生等方面的人事权和财务权。研究平台实施专任负责人制，负责人对研究平台的业务、行政等工作全面负责。担任行政职务的人员一般不兼任研究平台负责人，鼓励学术成果卓著、有志于学术研究的管理人员回归学术，担任平台负责人。

（七）依托学科组织课题研究

按照优先助力学科建设的思路组织课题申报，避免科研选题与学科发展脱节。强化各学科带头人在课题申报中的主导权和审核权，确保课题研究与学科建设同向同行。各学科应加强与校外组织合作应用课题研究，依托学科承接企业、行业及相关政府部门的横向课题，并积极吸纳企业、行业及政府相关部门人员参与学校课题研究。坚持体现鲜明时代特征、问题导向和创新意识，以学科和研究平台为单位发布课题指南，同时学校支持教师结合自己的兴趣和特长开展研究，培育新的研究特色和方向。

（八）科学匹配学科资源

坚持有所为有所不为，以学科分类分层为指引，“高峰”“高原”“高地”学科按照所在层次分别匹配人才队伍、学术团队、研究平台和研究课题等学科资源，核定相应的经费支持力度。每个学科设置若干名资深教授、特聘教授、博洽杰出学者、博洽优秀学者、通达精英人才、弘毅拔尖人才、致远青年英才以及其他人才。通过学科梯队与人才资源匹配，形成若干个年龄和学缘结构合理、具有创新精神、充满朝气与活力的高水平学术团队，支撑学科平台建设，提高各学科人才培养、科学研究和社会服务能力。

（九）完善绩效考核评估模式

针对学科（方向）、研究平台、学术团队、课题等，加强立项评审、过程跟踪、结果反馈等全流程管理，建立适应学科建设和科学研究特点与发展目标及结果导向的评价体系，形成有效的激励约束机制。考核评估根据建设与研究进程分为初期评估、定期评估和终期评估三个阶段。初期评估用以确定是否予以支持和资助；定期评估是在一定时间周期内的绩效评估，掌握其运作状况是否达到预期目标，以便确定是否予以继续资助；终期评估是在原定资助期限结束时所做的最终绩效评估，以确定是否予以后续资助。学校成立独立运作的评估机构，建立面向结果的追踪问效机制，将评价结果作为调整支持力度的重要依据，并纳入学院绩效考核体系。

（十）推进配套专项改革

积极推进学部制、大部制、书院制、学分制改革和人才评价、科技评价改革，推动以质量为导向的人才培养体制机制综合改革，为深化学科治理体系综合改革创造条件、奠定基础。调整学科学院布局，以学科群和专业群为基础，以学科建设和学术发展为核心，组建跨学院的学部，推进“院办校”改革；以事权的科学配置为依据，重构管理部门组织框架，优化业务相近、职能交叉的部门，精简机关部门、教辅和直属单位数量，建立大职能、宽范围的综合性部门；落实“五育并举”要求，构建“以学习者为中心”的教育生态，建立学院与书院、专业教育与通识教育、第一课堂与第二课堂协同育人的现代书院制度；优化人才分类评价，根据不同岗位、不同学科、不同层次人才特点和职责，建立科学合理、各有侧重、动态调整的评价标准；优化以岗位分类评价为核心的薪酬机制，探索团队考核和整体激励机制；改革科技评价，探索科研 PI（首席负责人）制，强调学术团队贡献，强化社会评价和同行评价作用，强化学科（学部）在职称评审、科研奖励中的作用；调整优化专业结构布局，深化学分制改革，构建以评价为牵引、以课程为核心、以机制为保障的一流专业建设体系。

九、努力提升“信息化”水平，强力推进“效率”提高

（一）深入调研研究生教育信息化发展前沿

在深入分析当前学校研究生教育信息化存在瓶颈的基础上，针对数据管理能力不强、数据智能驱动能力偏弱、掌握数据及信息资讯效率较低、研究生动态化和全过程监管难等难点问题，深入调研国内外高校数据集成和数据应用情况，通过组织师生面对面交流、召开信息化建设专题会议、梳理各系统数据库表结构、开展系统需求调研、确认技术可行性等研讨与实践，借助信息生态理论、整体性治理理论和掌握学习理论，研究提出建设全生命周期的研究生大数据平台的建设方案。由研究生数据平台、研究生教育数据中心、研究生教育教学信息平台组成，将大数据作为管理决策、主动服务和质量监测的基础，致力于有效融合各业务数据，建立研究生教育过程与学科建设过程数据的动态采集、挖掘分析和实时反馈的动态监测机制，为提高研究生培养质量、增强学科竞争力提供数据支撑。目前，平台已列入河南财经政法大学 2023—2025 年信息化建设三年滚动计划库，并于 2024 年启动一期建设。

（二）打造研究生管理系统平台

研究生管理系统包括硕士招生管理（博士招生管理可增加）、学籍管理、培养管理、学位管理、研工管理、毕业管理、就业管理、导师管理、教育质量与评估管理、学位点管理、基础数据管理、系统管理、移动应用，共计 13 个子系统。系统主要特点：一是系统功能覆盖学校研究生管理工作的核心业务，可帮助学校全面实现研究生管理信息化；二是系统功能模块和流程支持根据学校需求进行定制开发，确保系统完全适合学校工作需要；三是系统支持对接学校统一身份认证平台实现单点登录，对接学校数据中心平台共享数据；四是系统支持对接多个国家平台，提高数据报送效率。同时，还包含智能服务终端，以遵循人性化自助服务为设计理念，

帮助学校实现多校区、多部门自助服务一体化管理，面向学校师生提供 7×24 小时服务，使学校从“管理”师生向“服务”师生转变，提高学校管理效益和社会效益。智能服务终端支持学生自助打印中英文成绩单、学籍证明、毕业证明等证明文件，文件格式支持根据学校具体需求定制。终端配备宣传展示屏，可展示通知公告、学校简介、操作指南、教学宣传等信息。

（三）研究生管理系统核心功能

功能完备，在硕士招生管理子系统中，可以完成招生目录管理、分配招生指标、报名确认、推免生管理、初试管理、复试管理和录取管理等模块。可扩展的博士招生模块，包含了招生目录管理、分配招生指标、考生在线报名及信息管理、资格审查、初试管理、复试管理、成绩管理、录取管理和基础数据维护等功能。在学籍管理子系统中，可以完成新生入学、学籍管理、注册管理、缴纳学费、学籍异动等业务功能；在培养管理子系统中，可以高效进行培养方案管理，包含培养方案的编制流程和培养方案的内容确定等，在培养计划的管理中，可以由学院秘书为本学院研究生指定培养方案，支持单个指定、批量指定、自动指定三种方式，自动指定培养方案指系统根据学生的学院、学科、年级自动指定培养方案。学生在规定时间内，通过系统制订个人培养计划，依次经过导师、学院秘书审核，学院秘书可直接调整本学院学生的培养计划，研究生院管理员可直接调整全校学生的培养计划。系统支持新生先选课再制订培养计划，制订培养计划时系统自动将学生选的课添加至培养计划中。培养计划制订完成后要由学生、导师和学院三方确认。在教务管理中，研究生院管理员负责公共课排课，学院秘书负责专业课排课，排课时系统自动对教室、教师、学生上课冲突进行校验。与本科教务系统排课结果进行冲突校验，系统支持从学校主数据管理平台获取本科教务系统排课数据，研究生排课时自动校验与本科排课之间的冲突。系统支持设置上课节次方案，支持根据冬令时、夏令时设置不同的节次方案。节次方案指每天上几节课，每节课的开始时间和结束时间，比如夏令时下午第一节课上课时间为 14：00~14：50，冬令时下午第一节课上课时间为 13：00~13：50。系统支持分解教学任务，排课完成后，研究生院管理员可将一门课的总课时分解给主讲教师和辅讲教师。此外，还可以有效支持选课管理、课表管理、调停课管理、考务管理、成绩管理、评教管理、重修管理、工作量统计、专业实践学分认定等。值得一提的是，在专业实践学分认定环节，支持学生在线申请实践学分，通过系统选择实践成果大类，选择实践成果小类，填写项目名称，选择奖项等级和参与情况所对应的加分分值。并通过上传证明材料加以证明。实践学分认定需要经过两级审核。任何一级审核不通过的话自动返回学生端，学生可选择修改再提交或者删除本次申报。

在学位管理子系统中，论文环节支持系统支持学生按要求在线申请开题，通过系统填报论文基本信息、背景意义、研究综述、思路方法技术、内容框架创新、参考文献、时间安排。其中背景意义、研究综述、思路方法技术、内容框架创新为富文本形式且支持上传图片；参考文献为表格形式，支持限制中文篇次和英文篇次数量；时间安排为表格形式，包括开始日期、结束日期、主要研究内容、预期结果。学院秘书设置开题小组，对学生进行分组安排。开题安排发布后，开题小组成员、开题答辩学生可通过系统查看开题安排。学院秘书登记开题结果，系统支持批量导入开题结果；学院秘书、研究生院管理员可查看开题结果、开题异常名单。学院秘书必须将开题结果及时录入系统。系统支持根据学校要求制定开题报告模板，支持通过系统导出开题报告文件。论文中期检查环节，开题申请审核通过后，学生在规定时间内提交论文中期检查申请，申请依次经过导师审核、学院秘书审核。审核通过后，学院秘书组织学生进行论文中期答辩。学院秘书设置中期检查小组，对学生进行分组安排。中期检查安排发布后，小组成员、答辩学生可通过系统查看中期检查安排。学院秘书登记中期检查结果，系统支持批量导入中期检查结果；学院秘书、研究生院管理员可查看中期检查结果，系统支持批量导出中期检查结果。学院秘书必须将中期检查结果及时录入系统。此外，系统还可以高效完成预答辩、论文查重、论文盲审、论文答辩、学位上会、学位信息备案、优秀论文评审等工作。

在研工管理子系统中，可以完成学生科研、奖助学金、三助一辅、助学贷款、请假销假、微信通知、收文管理、四六级考试、违规违纪处理、通知公告、学生信息统计、学生离校等功能。在毕业管理子系统中，可以完成毕业论文管理，系统根据培养环节完成情况、受处分情况和答辩情况自动形成预毕业或延期毕业名单，学院秘书审核维护学生的毕业、结业、延期毕业和肄业信息并提交研究生院管理员审核。系统支持导师导出历年指导学生名单，支持学院秘书导出学院历年毕业或授位学生名单；支持研究生院管理员导出全校历年毕业或授位学生名单，研究生院管理员通过系统编排毕业证书编号。学历注册时，学生确认个人学历信息，如果发现学历信息有误可申请修改学历信息，研究生院管理员审核学历修改申请后生效，研究生院管理员导出学历信息上报至学信网。系统支持研究生院管理员批量导出学生毕业证书，打印毕业证书。

在就业管理子系统中，支持学生登录系统完善生源地信息及就业信息，支持学生查询已维护的信息。支持研究生院管理员查询学生维护的生源地信息及就业信息。支持研究生院管理员按照河南省就业信息上报系统的数据格式导出学生的就业信息。在导师管理子系统中，可以完成导师遴选工作，研究生院管理员发起导师遴选活动。教职工提交申请，系统自动抓取佐证材料，教职工对佐证材料进行确认和补充。教职工提交的申请依次经过学院秘书审核、学院学位评定分委会审核。审核通过后教职工变为导师身份。在导师招生资格管理中，研究生院管理员发起导师招生资格审核任务，研究生院管理员设置招生资格黑名单，招生资格黑名单中的导师不允许招生，新增黑名单时需要设置限制招生起止年份、限制招生原因、原因具体描述，导师填报招生资格审核材料，导师提交的补充材料依次经过学院秘书核查、学院学位评定分委会审核。审核通过后导师便具备了本年度研究生招生资格，学院秘书按照学校要求设置导师的招生限额，经研究生院管理员审核后生效。在师生互选中，支持师生双选活动管理，研究生院管理员发布师生双选活动，设置师生双选起止时间。学院秘书维护本学院参与双选的导师名单，系统支持批量导入导师名单。学生在线查看导师简历、填报导师志愿，系统支持每名学生填报多个志愿。学生可查看师生双选进度和结果。学生填报志愿后，导师查看选择自己的学生并选择学生。师生双选结束后，若存在未确定双选关系的学生，研究生院管理员发布补选活动。未确定导师的学生填报补选志愿，导师选择学生。研究生院管理员可直接为未确定双选关系的学生指定导师。导师变更时，学生提交导师变更申请，依次经过原导师和现导师审核、原学院和现学院审核、研究生院管理员审核。审核通过后，导师变更生效。

学生、学院秘书、研究生院管理员可查看导师变更历史。此外，该模块还支持统计分析、导师科研统计等功能。在教育质量与评估管理子系统中，支持对学生、教职工各类创新项目和教改课题等项目的立项、中期、结项进行过程管控。查询高基报表，按照国家标准导出高基报表。高基报表包括：招生、在校生来源情况，学生变动情况，在校生中其他情况，硕士研究生分专业（领域）学生数，研究生指导教师情况，在校生分年龄情况。在学位点管理子系统中，支持学位点管理，学位点基础信息包括：学位点代码、学位点名称、授权级别、获批年份、牵头单位、所在学院。学位点成员信息包括：负责人、方向带头人、骨干、成员。不同学科人员不能重复。成员信息包括：姓名、出生年月、学位、职称、导师类型、所在学院、联系方式和学位点角色等信息。系统支持各学位点质量建设年度报告的上传、审核和下载。在学位点调整时，支持对新增学位点文件和信息进行管理，对撤销学位点的文件和信息进行管理。在学位点评估时，支持对学位点专项合格评估材料进行管理，包括专项评估表格的填写、上传、审核和下载。支持对学位点周期性合格评估材料进行管理，包括自评工作方案的提交，周期性合格评估表格的填写、上传、审核和下载，支持对专业学位水平评估材料进行管理，包括水平评估表格的填写、上传、审核和下载。在基础数据管理子系统中，支持学期管理、学校信息管理、校区管理、院系管理、部门管理、班级管理、教室管理、教职工管理、代码查询、自定义信息采集等功能。

在系统管理子系统中，支持用户管理、角色管理、字典管理和参数管理等功能。在移动应用中，支持与微信企业号或服务号进行对接，教职工与学生申请将个人微信与研究生管理系统进行绑定。可以通过研究生管理系统向学生、教职工发送自定义微信通知。除文字信息外，还要发送 PDF 文件、图片和 Excel 电子表格等格式的信息。在重置密码、调停课管理、选课等关键业务环节预置消息模板，在开展相应业务时自动发送微信通知。支持学生进行学期注册、查询课表、在线评教、查询考试成绩、请假、查询通知公告。支持导师查询查重结果、查询盲审结果、查询指导学生概况、查询通知公告。支持任课教师查询选课名单、查询课表、查询评教结果、查询通知公告。在智能服务终端，可以进行中英文成绩单自助打印，毕业成绩单、出国成绩单、就业成绩单、推免成绩单、双学位成绩单、第二学位成绩单、双学位/辅修成绩单可根据学校需求定制。学籍证明、在校（学）证明、毕业证明、学历证明、英文学位证明、双学位证明、辅修证明文件，以及四六级考试证明、计算机等级考试证明，可根据学校需求定制。自助服务终端配备宣传展示屏，系统可自动播放课程宣传片等信息，同时可提供学校发布管理通知公告、学校简介、操作指南等。智能登录认证模块（学号+密码登录）、微信自助缴费、语音向导等。

此外，还可以对接校内系统，比如对接学校主数据管理平台共享数据，包括财务数据、人事数据、科研数据、本科教务数据；支持导入 Excel 格式的财务、人事、科研、本科教务数据。系统对接学校统一身份认证平台，实现教师、学生单点登录，还可以对接国家平台；而且可以对接第三方平台，比如支持系统对接第三方论文评审平台，按平台要求导出盲审论文，批量导入盲审结果；对接知网、万方查重平台，按平台要求导出查重论文，批量导入查重结果。

第六章

改革推进与成效

第一节　改革推进情况

一、人才培养质量

（一）重视研究生培养质量

按照全国（全省）研究生教育会议精神和要求，根据河南财经政法大学学位管理与研究生教育实际工作需要，及时发布学校学位与研究生教育质量年度报告，进一步优化学校学位与研究生教育质量保证与监督系统，召开学校研究生教育高质量发展论坛，鼓励研究生积极参加创新实践竞赛。学校按照《2020—2022 年硕士研究生培养质量提升计划》，制定学校研究生教育近期目标和长远规划。质量提升计划全面贯彻落实研究生教育改革精神、走内涵式发展道路、树立科学质量观、全面提升研究生培养质量，从提升招生生源质量、提升过程培养质量、提升学位管理质量、提升导师队伍质量和提升研究生管理质量五个方面着手，要求各培养单位结合学科特点和实际情况，把研究生培养质量提升计划明确列入本单位的年度工作计划，注重效果，狠抓落实。

学校研究生教育准确把握国内外学位管理与研究生教育教学改革的发展趋势，始终坚持理论结合实际，重视改革创新。围绕学位管理与研究生教育改革发展需要，做好学校层面设计、统筹规划等方面的研究与实践工作，引导研究生指导教师、教学及管理人员主动服务国家战略需求和河南省经济社会发展需求，积极探索，大胆实践，深入研究，勇于创新，不断提升学校学位与研究生教育水平。2022 年立项河南省专业学位研究生精品教学案例项目 4 项，如表 6-1 所示。

表 6-1　2022 年河南省专业学位研究生精品教学案例项目

序号	依托专业学位类别代码及名称	项目合作单位	关联核心课程名称
1	0252 应用统计	河南省绩效和信用评价有限公司	统计数据分析方法
2	0254 国际商务	河南探十里商业管理有限公司	国际贸易政策与实务
3	0951 农业	河南中科恒能环保科技有限公司	农业发展理论与实践
4	1252 公共管理	鹤壁市淇滨区政务服务局	公共政策分析

（二）加强创新能力培养

学校高度重视研究生创新能力培养，陆续实施了河南省经济学类专业学位研究生培养模式的研究与实践、会计学硕士研究生科研创新能力提升路径研究与实践和基于创新能力提升的经济学研究生培养模式研究与实践等项目。鼓励各培养单位加大研究创新能力培养力度，大力改革实验教学体系，重点提高综合性和创新性实验所占比重，鼓励任课教师和指导教师将研究成果转化为实验教学内容，实施以创新为导向的课程体系改革，开设与创新创业教育相关的通识教育课程，开展创新创业项目实践，培养学生创新创业的意识、素质和技能。

（三）注重“产学研”结合

学校重视研究生“产学研”能力培养，加强校企合作，有效发挥校企双方在人才培养方面各自的优势，共同推进人才培养质量提高，搭建合作双赢的平台，使企业、学校和研究生多方受益，与国内知名企业达成合作培养协议，严格执行双导师制，由校内指导教师和校外指导教师共同指导，让学生走进企业实地体验，让企业走进高校现场指导。同时，按照企业的需求实行“订单式”人才培养，实施“企业提出需求、学员自组团队、教师适时指导、校企联合评价”的专业实践教学制度。

二、教师队伍建设

（一）完善导师管理机制

制度建设是岗位管理的保障，要不断完善研究生导师岗位管理机制，把导师岗位纳入完备的岗位管理。对于未能有效履行岗位职责的，要及时调整导师岗位，实现“动态”管理。坚持科学定岗，依岗定评，按需定聘的研究生导师量化管理规则。每年根据各学科、专业师资条件，社会需求，招生计划等情况，对研究生导师进行适度调整、评聘。

（二）健全导师考核机制

打破固定资格制和终身制，实现导师“能上能下，择优上岗”的良性循环，从政治素质、师德师风、学术水平、育人能力、指导经验和培养条件等方面制定全面的导师考核标准。进一步加强研究生导师考评，探索基于学院评价、教学督导评价、研究生评价和导师自我评价四位一体的考评机制。开展优秀研究生导师评选活动，强化示范引领，加强督导问责，对于履行职责不到位的研究生导师，视具体情况采取约谈、限招、停招、取消导师资格等相应的处理措施。

优化导师职称评聘办法。在职称评聘中，要建立与岗位特点、学科特色、研究性质相适应的评价指标，细化论文在不同岗位评聘中的作用，重点考察实际水平、发展潜力和岗位匹配度。

（三）创新导师培训机制

导师培训分级分类进行：按学位类型，分为学术学位导师培训和专业学位导师培训；按导师类型，分为校内导师培训和校外导师培训；按担任导师时间长短，分为岗前培训、在岗培训和网络培训。导师培训采取以学院自主培训为主、学校集中培训为辅的方式。导师培训以提高导师综合指导能力、服务导师顺利开展工作为目标。健全教师职业道德规范，加强师风建设，提高师德水平，充分发挥导师对研究生思想品德、科学伦理等方面的示范与教育作用，对导师进行学术道德、岗位职责、业务能力等方面的培训。

以研究生导师育人能力提升为目标，构建校外典型示范、学校重点指导、学院全覆盖的导师培训体系，通过集中学习、专题培训、调研考察、交流研讨等多种形式，加强新聘导师岗前培训、在岗导师定期培训、所有导师日常学习交流，对导师的岗位职责、管理规范、指导经验、指导能力做系统培训。组织资深导师传授经验，帮助新导师理解职责、熟知规则、分享经验，形成老中青导师团队“传帮带”梯队，全面提升指导能力。鼓励专业学位导师定期到企业挂职，加大对企业导师的培训力度。积极提升导师能力，开展海外研修，创建导师在线沙龙，确保交流互动常态化。设立导师全面育人教改项目，鼓励导师开展系统的教育研究，提升教育理论水平和实践能力。

以提升导师队伍整体指导水平为出发点，完善导师培训体系，拓宽导师能力提升渠道，构建导师交流平台，完善导师选聘考核机制，强化导师立德树人职责和第一责任人意识，支持鼓励导师严格学业管理，充分发挥导师对研究生思想品德、科研能力、学术规范和责任意识等方面的示范作用，引导师生共建和谐导学关系，教学相长。

三、科学研究情况

加大科研对研究生教育的支撑力度，鼓励研究生围绕学科前沿基础问题、国家重大战略需求、国防重大科研项目、行业技术升级和区域经济社会发展重大问题选题，开展前沿性、探索性研究，突出真做科研，做真科研。研究生招生指标向大平台、大团队、大项目倾斜，向基础研究倾斜。探索实施科研项目硕士研究生专项计划，由导师科研经费负担学生的全部培养成本，逐步建立科研经费支撑硕士培养的新机制。

（一）推进学术研究工作常态化

学校在2022版研究生培养方案中对科学研究提出了明确要求，要求学术学位研究生至少参加12场学术讲座，专业学位研究生至少参加8场学术讲座，毕业前完成1场学术报告。因此，学校积极探索研究生科学研究培养的新途径，举办学术论坛和名家讲堂，邀请国内外知名专家学者为研究生做学术报告。营造浓厚的学术氛围，拓宽学术视野，帮助研究生了解学科的前沿知识，促使研究生掌握最新的研究方法，不仅有利于培养研究生的创新能力和学术交流能力，还有助于提升研究生的学术道德和团队协作精神，促进研究生教育广泛深入交流与合作。

（二）提升研究生科学研究能力

为深入贯彻学校“学术兴校”的战略，提高研究生培养质量，学校依托国家社科基金重大项目、教育部哲学社会科学研究重大课题攻关项目等重大科研项目平台积极建设研究生科研创新团队，为研究生营造和谐的学术环境；充分发挥研究生导师的作用，鼓励研究生参与导师重大课题项目，积极推进导师指导研究生不定期开展学术研讨会，推进研究生科学思维方法训练、查阅中外文献方法训练、学术信息加工方法训练、学术工具使用方法训练、学术表达方法训练等，注重培养研究生科研能力和创新能力，支持和指导研究生将科研成果转化应用，推动“产学研用”紧密结合，提升研究生创新创业能力。

（三）提高研究生学科创新创业水平

学校大力支持研究生参与学科竞赛，通过学科竞赛，可以将研究生的科研能力与实际问题有效结合起来，通过参赛作品展示自己的科研成果，通过竞赛展示科研的层次和水平，激发研究生创新创业的兴趣。同时学科竞赛可以让一些专业背景相似或类同的同学聚集在一起完成同一件作品，有效促进了学科的交叉融合，有助于培养适应社会发展的实践型人才。

四、传承创新优秀文化

（一）提高传承创新优秀文化意识

党史文化是中国先进文化的结晶，是中华民族宝贵的精神财富。2022年恰逢中国共产党第二十次全国代表大会召开，习近平总书记在党的二十大报告中指出，大会的主题是：高举中国特色社会主义伟大旗帜，全面贯彻新时代中国特色社会主义思想，弘扬伟大建党精神，自信自强、守正创新，踔厉奋发、勇毅前行，为全面建设社会主义现代化国家、全面推进中华民族伟大复兴而团结奋斗。为深入学习贯彻本次报告内容，在学校党委的领导下，学校先后开展了“青年马克思主义者培养工程”培训、“学党史、悟真理”主题党日活动、“永远跟党走，奋进新征程”演讲比赛、“中国梦”诗词朗诵会等活动，进行了社会主义核心价值观教育、爱国主义教育和政治理论教育，以青春正能量引领青年思想，服务青年成长。这些活动既丰富了学生的校园文化生活，又传承了中华民族的优秀文化，让同学们在学习之余放松心情、陶冶情操、互相学习、增进交流。

（二）营造传承创新优秀文化氛围

校园实践活动是学生的第二课堂，因活动设置灵活、形式多样而受到学生的普遍欢迎，在传承创新优秀传统文化方面具有突出的优势，学校在传承创新优秀传统文化中，应将第一课堂和第二课堂紧密结合起来，有效发挥第二课堂对第一课堂的补充作用。学校坚持以文化人、以文育人、创新育人，引导研究生及教师增强文化自信。文化传承无处不在，处处走心。比如由各学院举办的主题读书节，包括经典图书展、经典诵读、好书推荐等活动，树立学生学术思维、沉淀学生学术素养；又如法学院鼓励研究生参与法律文书、起诉状等学科类竞赛，坚持以赛促学、以赛促能，培养研究生创新意识，提高创新能力。学校还强化了感恩教育在构建和谐校园中的重要作用，引导研究生识恩、知恩、感恩、施恩，不仅增强了研究生科学研究和学术探讨的能力，还提升了学生思想意识，营造了良好氛围。

（三）保障传承创新优秀文化推进

学校利用新媒体和新技术手段，对图书馆馆藏资源进行数字化挖掘，积极开发和创新服务内容、优化人文环境、打造现代化的图书馆，进而满足在校研究生多层次的精神文化需求；搭建数字阅读平台，借助微博、微信公众号等平台，将数字化的馆藏资源实时共享给线上读者，每日推送精选文章，组织开展各项线上征文比赛、在线朗读比赛等，丰富了在校研究生的文化交流形式，也增强了广大研究生对图书馆的黏性，推动学校整体文化服务体系的完善和健全。这为打造书香校园、培养同学们阅读习惯提供了良好平台；为传承创新优秀文化提供了保障。同时，学校加强线上思想文化建设，运用多个网络思想教育平台与研究生开展互动交流和思想教育活动，及时掌握网络舆情，发现和解决个性、群体性思想问题。

（四）培育传承创新优秀文化模式

优秀的传统文化对当代学生的身心健康发展和社会主义核心价值观的形成具有积极影响。学校作为学生的学习阵地和主要教育平台，在专业课的教学基础上进一步加强优秀传统文化课的熏陶和渗透，实现最佳的教学教书育人模式，通过对优秀传统文化课程的增设，促进研究生吸收优秀传统文化精神内涵。在以往的实践教学过程中，教学内容往往缺乏对德育教育中优秀传统文化教育的设置，并将优秀传统文化方面的课程设置为选修课程，这种情况不利于我国优秀传统文化的传承和发展。因此，学校将人文教育课程设置为必修课程，让学生身处优秀传统文化的精神熏陶中，通过积极开展德育教学课堂，使学生深切感知我国优秀传统文化的魅力和内涵，秉承继承优秀传统文化的历史使命，提高自身精神文明建设，在学习基础知识的同时，重视文化实践活动的开展，在新教育理念的背景下，将我国优秀传统文化发扬光大，让优秀传统文化走出课堂，融入实际生活。

第二节　教育质量评价

一、学科与学位点评估工作

（一）全力推进博士学位授予单位建设

根据《国务院学位委员会关于开展2020年博士硕士学位授权审核工作的通知》（学位〔2020〕22号）的总体要求，特别是《河南省教育厅 河南省发展和改革委员会 河南省财政厅关于开展新增博士硕士学位授予单位和学位授权点立项建设申报工作的通知》（教研〔2021〕135号）中将河南财经政法大学列为第一层次的“优先立项建设单位”的安排，全方位落实《学校申请新增博士学位授予单位工作三年行动计划》。2024年度创新启动申博工作月汇报制度，每月召集申博工作主要相关职能部门和四个申报学科对当月申博工作进展进行汇报，通过每月“对标、对表”分析问题，研判制定对策。同时，作为河南省优先立项建设单位，认真筹备此轮建设期间核查工作，全面总结建设工作成果，精心准备答辩材料，最终圆满完成答辩，同时将核查工作作为检视自己建设进展的重要抓手，持续推动立项建设工作高质量开展。

（二）制定学位授权点周期性合格评估及调整工作

为深入贯彻落实《深化新时代教育评价改革总体方案》和全国研究生教育会议精神，根据《国务院学位委员会 教育部关于开展2020—2025年学位授权点周期性合格评估工作的通知》（学位〔2020〕26号）和《河南省学位委员会办公室关于做好2020—2025年学位授权点周期性合格评估工作的通知》（豫学位办〔2021〕2号）的总体部署，制订并安排部署了学校学位授权点周期性合格评估工作实施方案及其相关工作。同时，按照

《河南省学位委员会办公室关于做好博士、硕士学位授权点对应调整的通知》（豫学位办〔2022〕3号）的要求，各项材料在保证质量情况下，突出了特色，很好地完成了学校艺术硕士专业学位授权点调整为美术与书法硕士专业学位授权点；按照自设硕士学位点申报程序，经过论证顺利完成自设纪检监察学学术型硕士学位点申报工作。

二、学位论文抽检情况及问题分析

开展硕士学位论文抽检，是完善河南省学位与研究生教育质量监督和保障机制的一项常规工作，对于促进学校以及河南省硕士学位论文整体质量提高起到很好的促进作用。要进一步提高对河南省教育厅硕士学位论文抽检工作重要性的认识，并以此作为学校硕士学位论文工作的抓手，促进学校研究生培养质量的全面提升。

（一）学校硕士学位论文质量的总体状况及存在问题

研究生教育事业不断发展，唯有不断研究新问题、解决新问题才能不断提高硕士学位论文的质量，从而提高硕士研究生的培养质量。纵观学校对河南省硕士学位论文质量抽检情况的相关数据比对分析，经过近年的规范管理和各培养单位以及导师们的共同努力，学校硕士学位论文质量的整体情况良好。值得注意的是，在论文整体质量、论文主体责任意识、规范管理和制度建设等方面，依然存在相当的提升空间。学校在不断深入二级学院开展调研的同时，对学位论文质量存在突出问题的学院，着重加强工作指导并作专题报告，确保责任压力层层传导。

（二）重过程管理，严控论文质量

高度重视研究生学位论文抽检中出现的问题，认真总结分析历年来硕士学位论文抽检评议结果，剖析“存在问题学位论文”，排查学位授予管理中存在的问题。严格遵照学校相关制度规范，督促培养单位定期检查研究生的论文完成情况，避免检查过程的形式化。第一，着重规范研究生学术行为，加强学术道德教育，营造良好学术风气。第二，强化研究生学位论文学术不端行为检测，严把硕士研究生出口关。第三，规范答辩环节的流程，加强研究生论文外审，防止流于形式的外审，提高硕士研究生培养质量。梳理研究生培养过程、论文完成和学位授予中存在的薄弱环节，进一步加强全程监督，随时发现问题，及时督促改进。明确硕士学位工作各环节的管理责任，要狠抓学位论文和学位授予管理。

（三）完善考核机制，加强导师队伍建设

导师在研究生教育中起着主导作用，其学术水平、科研能力、思想观念等综合素质对研究生培养至关重要。2018 年学校制定《河南财经政法大学全面落实研究生导师立德树人职责实施细则》，该实施细则在指导教师基本素质、指导教师立德树人职责、指导教师立德树人评价机制和动态管理机制等方面提出明确要求。一是严格研究生导师的遴选条件，选拔出有一定科研实力、科研课题的导师并对其进行培训。二是加强导师梯队建设，选好学科带头人，建立一支结构合理的导师梯队，形成合理的研究生指导小组，充分发挥群体优势，加强指导作用，以集体智慧拓宽研究生教育的思路。

（四）规范研究生学术能力培养，增强创新意识

创新性是评价学位论文质量高低的重要标准，对学术学位论文和专业学位论文要分类要求、分别指导。学术学位论文在选题和内容上注重理论创新，专业学位论文在选题和内容上注重与实践紧密结合，以强化提高职业能力为导向。学校鼓励研究生参加科研活动，建立研究生创新实践基地，以此来促进研究生学位论文整体水平的提高。根据不同学科发展状况和特点，结合专业特色和优势，积极引进当前时代发展较为前沿的具有引领意义的重大课题，发挥学校重点学科领域优势并加强专项课题研究，积极与各大高校、企业开展合作，通过引进人才和科研项目，增加弱势学科科研创新项目，鼓励研究生参与学术交流。

三、完善研究生教育质量保证和监督体系

（一）建立教育诚信机制

加强诚信教育。将诚信教育纳入课程体系，通过课堂教学、实践活动等多种形式，培养学生的诚信意识和诚信品质，引导研究生形成正确的价值观。完善诚信制度。建立健全各项诚信制度，如学术诚信规范、考试诚信制度等，明确各参与主体的诚信责任和义务。加大对违规行为的惩戒力度，形成有效的约束机制。建立诚信档案。为每个研究生建立诚信档案，记录其在教育活动中的诚信表现。诚信档案既可作为评价研究生综合素质的重要依据，也可作为用人单位选拔人才的参考。强化诚信监督。设立专门的诚信监督机构，负责对教育活动的诚信情况进行监督检查。营造诚信文化。在校园内营造浓厚的诚信文化氛围，通过举办诚信主题活动、宣传诚信典型等方式，引导研究生树立正确的诚信观念，自觉践行诚信行为。

（二）加强学位授予信息管理

做好年度学位授予信息的收集、汇总、审核和网上查询工作。建立专门的信息管理机构，成立专门的学位授予信息管理机构或指派专人负责此项工作，确保信息管理的专业性和连续性。制定完善的信息管理制度，明确信息管理的工作流程、责任分工、审核机制等，使信息管理工作有章可循、有据可依。加强信息化建设，利用现代信息技术手段，如数据库管理系统、在线服务平台等，提高信息管理的效率和准确性。加强信息安全防护，确保信息系统的稳定运行和数据安全。强化信息审核与公示机制，对收集到的信息进行严格审核，确保信息的真实性和合规性。通过官方网站、公告栏等渠道及时公示学位授予信息，接受社会监督。建立信息反馈与纠错机制，畅通信息反馈渠道，鼓励师生和社会各界对学位授予信息提出意见和建议。对于发现的问题和错误，及时进行纠正和处理。加强档案管理与利用，建立完善的学位授予信息档案管理制度，确保档案的完整性

和安全性。积极开发利用档案信息资源，为高校管理决策、教学研究等提供有力支持。

（三）建立奖励激励机制

设立多层次奖学金体系，根据学业成绩、科研成果、社会实践等多方面表现，设立不同等级的奖学金，以鼓励学生全面发展。开展科研创新竞赛，定期组织各类科研创新竞赛，对获奖者给予物质和精神上的双重奖励，培养学生的创新思维和实践能力。实施优秀学生培养计划，选拔表现突出的研究生，为他们提供个性化的培养方案和优质资源，助力他们成长为领军人才。完善导师激励机制，对在指导学生方面取得显著成绩的导师给予表彰和奖励，激发导师的工作热情和创新精神。加强校企合作，与企业合作设立实习奖学金、就业奖学金等，鼓励学生积极参与社会实践和职业发展。建立学生互助激励机制，鼓励学生之间开展学习互助、经验分享等活动，对表现突出的团队或个人给予奖励。

四、注重立德树人成效

河南财经政法大学将继续在学校党委的领导下，紧紧围绕学校中心工作，严格履行部门工作职责，以习近平新时代中国特色社会主义思想为指导，全面贯彻落实党的二十大精神、全国高校思想政治工作会议精神，聚焦研究生教育综合改革和研究生培养机制改革，坚持立德树人根本任务，强化研究生日常管理机制，提升管理队伍质量，服务研究生成长成才，为学校发展提供有力支持。

（一）提升研究生思想政治教育建设

进一步深入学习贯彻习近平总书记对研究生教育工作的重要指示，切实建构集专业知识教育与思想价值引领、学术科研能力培养于一体的研究生教育体系。扎实推进三全育人综合改革要求，发挥协同育人合力，着力构建研究生导师与思政课教师、各院系党组织干部，以及专、兼职辅导员的协作机制，加强教师队伍思政教育能力培训，将思想政治教育工作融入研究生教育培养全过程，促进研究生学术科研能力、思想政治素质双提升。进一步建立健全研究生思想政治教育工作，充分发挥校党委研究生工作部在研究生思想政治教育中的重要作用，实行学校、学院、学位点三级管理的研究生思想政治教育工作体制，协助党委组织部、校团委和学院党总支抓好研究生党团组织建设和党员发展工作，将思想政治教育工作融入研究生培养与日常管理的全过程。

（二）不断强化学科培育和建设工作

以申报博士学位授予单位为抓手，推进学科建设和发展，根据学校“三年行动计划”2023年的建设工作，围绕授权单位和授权学科的申博基本条件，补足短板，优化条件要求，确保学校和应用经济学、工商管理和法学三个拟申报授权学科完全达标并具有充分竞争力。同时依据《河南省教育厅 河南省发展和改革委员会 河南省财政厅关于开展新增博士硕士学位授予单位和学位授权点立项建设申报工作的通知》，重点建设系统科学、中国语言文学、新闻传播学、公共管理硕士一级学科，旅游管理、翻译、体育、艺术、电子信息和资源与环境硕士专业学位授权点；重点培育马克思主义理论、农林经济管理博士一级学科，社会学硕士一级学科和城市规划硕士专业学位授权点。

（三）加强研究生导师队伍和课程体系建设

发挥导师立德树人第一责任人作用，强化导师课程育人和科研育人，坚持知识传授、学术指导与价值引领相结合。从多方面入手，强化研究生导师岗位制管理、深化学位与研究生教育教学综合改革，并积极配合开展国家专业学位水平评估工作。进一步明确和规范校内导师、校外导师的权责关系，深入推进“科产教”协同育人，解决研究生培养同质化问题。建立导师遴选多维评价体系，持续加强对导师指导能力和效果的评价和监督，对导师的指导水平进行全面综合考察。加强导师思政教育能力培训，将思政教育理论知识、研究生常见心理问题及危机识别与干预等内容纳入导师培训体系，加大优秀导师及团队宣传力度，发挥榜样群体的示范引领作用，激发研究生教育管理工作的生机与活力。

（四）深化落实研究生奖助体系及管理制度

发挥好研究生奖助学金在激发研究生学习兴趣，培养研究生创新意识，发挥研究生创新能力的积极作用，统筹学校自筹经费、科研经费、助学贷款、社会捐助等资金，建立健全多元奖助政策体系，提高研究生待遇水平。加大研究生助教、助研和助管岗位设置及津贴资助力度，重视对家庭经济困难研究生的资助，积极引导和鼓励企业、社会团体和个人面向学校设立研究生奖助学金、专题研究项目基金，或提供实践实习岗位、就业锻炼机会等，提升研究生创新实践能力。成立综合考评及奖助工作领导小组，负责研究生的年度综合考评和各类奖助事项的领导部署及审核评定工作，规范评优评先的制度和程序，提高评选过程和评选结果的透明度，营造公正、和谐的研究生学习、生活环境。

（五）进一步做好研究生教育管理工作

进一步加强研究生思想政治教育，深学笃行习近平新时代中国特色社会主义思想以及习近平总书记关于教育的重要论述，促进研究生整体素质提升。开展新时代爱国主义教育，结合研究生生活学习特点，充分利用学校官网、官方微博、微信公众号等平台，在研究生中加大爱国主义教育宣传力度。进行研究生思想动态调研与舆情研判，了解研究生思想、学习和生活等方面情况，注重信息平台建设，加强研究生与学院导师的协调与沟通，持续做好全体研究生的人身安全教育、防诈骗教育等系列工作，落实好高关怀人群和校外住宿人员的安全维稳工作。开展形式多样的心理健康讲座、宣传教育等活动，全面提升研究生的心理健康水平，逐步建立特殊研究生群体心理健康档案，完善对重点人群的干预机制，有效预防和应对研究生心理危机突发事件。

（六）提升研究生学术水平及创新能力

加大对研究生创新项目的支持力度，对创新能力强的研究生在评优评先等方面给予优先支持和倾斜，为研究生研究创造提供有利条件，营造良好的创新氛围。充分考虑不同学科、不同层次、不同类别研究生的教育特点，坚持重真才实学、重质量贡献的原则，定期组织开展研究生精品课程、教学创新奖（专项奖）、优秀学位论文等评选工作，强化示范引领作用。在消除唯论文论思想的基础上，建立创新成果评定新标准和配套的评价程序，调动研究生参与学术创新活动的积极性，搭建研究生能够广泛参与的科研创新平台，开展形式多样的科技文化活动及竞赛，召开多种类型的学术交流会，引导各培养单位与条件成熟的企事业单位共建研究生科研创新基地和校外实习实践基地，促进学术学位研究生学术创新能力及专业学位研究生职业实践能力的不断提升。

（七）继续提升研究生国际交流合作水平

加强全球合作伙伴体系建设，探索新型国际合作路径，创新国际化人才培养载体，探索实施研究生学术交流资助计划，推进高水平研究生国际交流合作。调动院系积极性，推动校院两级海外学习项目体系建设，提高国际学习交流的系统性，统筹建立规范的国际合作项目管理机制。推动国际化交流培养进一步融入教学实践环节，完善国际学生培养体系，促进中外学生交流融合和共同发展，建设多元包容的校园环境。

参考文献

［1］葛道凯．深化综合改革聚焦内涵建设努力推动研究生教育高质量发展［J］．中国高等教育，2020(21)：12-15，62.

［2］郭利华，李俊海．金融硕士生的实践培养：痛点问题、思路策略与现实案例［J］．学位与研究生教育，2024(6)：58-64.

［3］胡海波，周洁，卢海涛．案例赋能的专业学位研究生“5W”培养模式创新与实践［J］．学位与研究生教育，2024(4)：30-36.

［4］黄宝印．我国专业学位研究生教育 30 年［J］．中国研究生，2021(10)：16-31.

［5］黄宝印，薛新龙．中国特色专业学位研究生教育的创新成就与实践贡献——以三项国家级教学成果奖特等奖为例［J］．学位与研究生教育，2024(3)：1-7.

［6］黄飞，刘心报，吴红斌，等．专业学位研究生实践创新能力培养模式的探索与实践［J］．学位与研究生教育，2024(4)：23-29.

［7］刘海成，李大鹏，潘杨，等．基于创新能力提升的专业学位研究生培养探讨［J］．高教学刊，2024，10(18)：77-80.

［8］刘敏，王耀南，江未来，等．以产业需求为导向的产教融合研究生培养模式探索与实践［J］．高教学刊，2024，10(8)：34-37.

［9］刘兴华．金融硕士专业学位研究生培养模式研究［J］．江西科技师范大学学报，2024(2)：99-107.

［10］刘扬，陈复生．全日制专业学位研究生培养问题及对策探讨［J］．大学教育，2024(7)：110-114.

［11］卢叶．专业学位研究生培养机制改革研究——以浙江大学为例［J］．科教导刊，2024(10)：1-4.

［12］马涛，张娟秀．研究生“思政课程—课程思政—实践思政”协同育人模式构建［J］．东南大学学报（哲学社会科学版），2024，26（S1）：37-38+42.

［13］茹艺璇．研究生培养环节中的信息化管理改革与探索［J］．中国信息化，2024（4）：73-75.

［14］汪全报，卜春梅．专业学位研究生教育的产教融合——基于目标导向的特色化策略［J］．学位与研究生教育，2019（3）：24-29.

［15］王战军，李旖旎．党的十八大以来学位与研究生教育政策论析［J］．研究生教育研究，2022（5）：1-9.

［16］许俊强，廖林清，罗云云，等．服务社会需求　实施产教融合　全面深化专业学位研究生教育改革［J］．重庆理工大学学报（社会科学），2021，35（7）：145-153.

［17］杨红燕，郭秀云，陈源源．新文科背景下研究生学位论文质量提升的挑战与对策［J］．黑龙江教育（高教研究与评估），2024（6）：12-16.

［18］张梅，张文豪．经管类研究生课程思政教学改革实践探索［J］．高教学刊，2024，10（13）：139-142.

［19］张同全，管文雪，王秀娟．地方财经类高校专业学位研究生“产业+专业+职业”培养模式［J］．高等教育评论，2023，11（2）：61-75.

［20］张维华，韦锋，朱丽华，等．专业学位研究生课程教学改革路径与方法［J］．榆林学院学报，2022，32（4）：106-108.

［21］张肖飞．专业学位研究生教育综合改革探索与实践——以会计硕士专业学位研究生教育为例［J］．高教学刊，2023，9（4）：109-113.

［22］左秋雪，张倩，张晓北，等．教育综合改革视角下专业学位研究生培养探索——以 MPAcc 为例［J］．经济师，2023（5）：163-165.